LA FAMILLE

LA SOCIÉTÉ

ET

LE GOUVERNEMENT

EN FRANCE

PAR

LE CHANOINE J.-M. TRICHAUD

MISSIONNAIRE APOSTOLIQUE

Membre de l'Institut archéologique
de l'Académie pontificale de Sainte-Cécile de Rome, etc.

Le Seigneur a fait les nations guérissables.
(Sagesse, I, 14.)

DEUXIÈME ÉDITION

MARSEILLE

MARIUS LEBON, LIBRAIRE-ÉDITEUR

43, rue Paradis, 43

1877

LA FAMILLE

LA SOCIÉTÉ ET LE GOUVERNEMENT

EN FRANCE

ANTIBES. — IMPRIMERIE DE J. MARCHAND.

LA FAMILLE

LA SOCIÉTÉ

ET

LE GOUVERNEMENT

EN FRANCE

PAR

LE CHANOINE J.-M. TRICHAUD

MISSIONNAIRE APOSTOLIQUE

Membre de l'Institut archéologique
de l'Académie pontificale de Sainte-Cécile de Rome, etc.

Le Seigneur a fait les nations guérissables.
(*Sagesse*, I, 14.)

MARSEILLE

MARIUS LEBON, LIBRAIRE-ÉDITEUR

43, rue Paradis, 43

1877

DÉDICACE

A SON EXCELLENCE MONSEIGNEUR J.-B. CERRUTI

ÉVÊQUE DE SAVONE ET DE NOLI

Assistant au trône pontifical, Prélat domestique de S. S. Pie IX,
Pronotaire apostolique, Référendaire des Deux Signatures,
Consulteur de la Sacrée Congrégation de l'Index,
Abbé perpétuel des SS. Quentin, Hermet et Eugène,
Prince de Lodi.

MONSEIGNEUR,

Vous trouverez dans ces modestes pages les idées que vous ne cessez de défendre par la parole et par les œuvres, au milieu du troupeau si justement fier et heureux de marcher sous vôtre sage et intelligente houlette.

Je vous les offre comme un faible gage de ma vive reconnaissance pour les bienfaits sans nombre et les distinctions honorables dont Votre Excellence a daigné me combler, et comme un témoignage manifeste de la très respectueuse vénération avec laquelle j'ai l'honneur d'être,

Monseigneur,

de Votre Excellence,

le très humble et très obéissant serviteur,

LE CHANOINE J.-M. TRICHAUD,

Missionnaire apostolique.

Savone, fête de saint Jean-Baptiste (24 juin 1877).

AVANT-PROPOS [1]

Les divers partis qui divisent l'opinion générale de notre malheureux pays s'accusent mutuellement de nos désastres matériels et moraux, se flattant orgueilleusement aussi de posséder seuls le secret et les moyens de le relever de son état lamentable.

Que le pouvoir nous soit confié, s'écrie chacun d'eux par les cent voix du journa-

(1) Dieu a semblé vouloir bénir les bonnes intentions qui ont inspiré ce volume. En quelques semaines, la première édition in-8° a été enlevée, apportant à l'auteur des encouragements flatteurs et des demandes si nombreuses qu'il s'est déterminé à publier une édition populaire, pour un plus grand bien.

lisme dont il dispose, et bientôt la France restaurée redeviendra la première puissance du monde.

Mais quels sont les gages de cette affirmation tour à tour répétée?

Vous qui nous bercez du doux espoir de tout refaire, répondez.

Et sans hésitation, ils nous disent:

Les nombreux gouvernements qui se sont succédés, depuis la grande catastrophe de 1789, n'ont pas compris leur rôle; il leur incombait, avant tout, d'améliorer la situation des classes populaires, de les initier aux affaires publiques par une participation directe à l'aide du suffrage universel bien réglé, de proclamer que la liberté est le premier apanage d'un Français, et que tous les citoyens sont égaux devant la loi.

Admirable réponse!

Or, tous les partis qui la font ayant successivement occupé le pouvoir, pendant dix ans, dix-huit ans, vingt ans, etc., ne sont jamais parvenus, malgré leur bonne volonté, à la mettre en pratique. La patrie, aux abois, leur crie à tous, dans les angoisses d'un désespoir légitime : rendez-moi mon antique prestige devant lequel s'inclinaient les nations les plus barbares et les plus lointaines; remettez ma grandeur passée à la hauteur séculaire où la paix et la gloire l'avaient élevée ; donnez à mes vieilles institutions cette stabilité solide dont le rayonnement salutaire, en développant les sciences et les arts, provoquait l'essor du talent et du génie, et assurait à la spéculation et au commerce une confiance illimitée;— mais, surtout, fortifiez les enfants du peuple, les ouvriers, les serviteurs, tous ceux qui vivent de leurs labeurs quotidiens, contre les funestes appréhensions d'une misère certaine et les terribles orages d'un avenir désolant. Pourquoi, ô gouvernants de différentes nuances, m'avez-vous ainsi déchirée, amoindrie et réduite à la misère ?

Hélas! c'est que les gouvernants manquaient de ce désintéressement indispensable dont la Religion est la base, qui ne voit et n'entend que la félicité et le bien-être des gouvernés.

Quel est le simple administré assez osé pour attaquer un gouvernement dont la liste civile se contente du strict néces-saire, un gouvernement honnête, probe, juste, franc, loyal, appelant à son service tous les dévouements honorables, sans distinction de caste, conviant toutes les ambitions légitimes aux charges et aux honneurs, sur des garanties de sagesse et d'aptitude, ouvrant le chemin des plus nobles carrières au roturier, au paysan et au bourgeois!

Oui, oui, l'ère des révolutions serait close et fermée à jamais, si la vertu pré-sidait aux affaires publiques, et régissait la famille et la société.

Sans doute l'esprit malfaisant de rebel-lion et d'opposition qui souffla la révolte aux privilégiés de l'Eden exercera son empire jusqu'au dernier jour; mais enfin ceux qui en aspireraient le venin pour le vomir sur la société seraient en petit nombre et ne tarderaient pas à succomber sous le mépris d'une majorité imposante et redoutable par sa valeureuse résistance aux aberrations de toute sorte.

C'est ce que nous chercherons à prouver dans le cours de cette modeste publication, en démontrant que l'unique moyen de restauration pour la France repose sur la Religion.

Certainement la Religion pratique au foyer domestique, la Religion exercée par la société, la Religion dominant dans le gouvernement, quel que soit son nom, peut seul rendre la santé à notre infortunée nation, gisante aujourd'hui sur le grabat de ses innombrables trahisons envers le Seigneur et ses lois indélébiles, car *le Seigneur a fait les nations guérissables*. (Sap., I, 14.

CHAPITRE Ier

LA FAMILLE

I

Le foyer domestique

Le foyer domestique est un vrai sanctuaire où les âmes se livrent à l'acquisition des vertus, dans une mutuelle émulation. Le paganisme lui-même en avait consacré la sainteté, en y plaçant cette multitude de dieux pénates dont les images protectrices rappelaient constamment le souvenir de la divinité. C'était le ciel conviant la terre à lui ressembler, abstraction faite des vicieux modèles dont il était rempli et que la superstition transformait, en excusant ou en voilant leurs crimes.

Quel temple plus ravissant que celui du foyer

domestique, lorsque ceux qui en sont à la fois les prêtres et les fidèles s'y exercent, sous le regard de Dieu, à la droiture de la conscience, aux devoirs rigoureux, aux exigences des services usuels, aux lois imprescriptibles de la charité ! Spectacle touchant dont on aime à se représenter les scènes multipliées, avec un profond plaisir.

C'est d'abord l'affection sérieuse et inébranlable du père et de la mère. Au jour solennel de leur union, en face des autels, ils se sont juré un inviolable attachement. Main dans la main, ils ont pris Dieu à témoin de leurs promesses sacrées de fidélité réciproque, protestant aussi d'élever dans sa crainte les enfants qu'il lui plairait de leur accorder.

II

Amour inflexible des époux

Cette fidélité réciproque ne s'est jamais démentie.

Tout n'est pas rose dans la vie conjugale ; les épines n'y manquent pas : ennuis, contraditions, peines morales, anxiétés temporelles, douleurs physiques. Il faut une grande force d'âme pour lutter contre ces coups souvent imprévus et, par là même, plus rudes, qui ébranlent les convictions intimes et jettent la perturbation dans les cœurs. On a beau s'étourdir par des raisonnements plus ou moins persuasifs et plausibles ; les nuages ne se dissipent pas facilement. Un choc en suscite un autre, et les sympathies naturelles subissent des altérations d'abord imperceptibles qui, lentement et sourdement, agrandissent leur cercle de fer. Qui les rompra, ou mieux, quelle puissance bénie en empêchera la formation ?

La religion et toujours la religion.

Est-ce qu'un homme et une femme sincèrement pieux se laissent surprendre par des entraînements illicites ? Les sentiments religieux de fidélité qui les animent leur inculquent une énergie surprenante pour étouffer une funeste émotion. Ils savent commander impérieusement à la passion intempestive et décevante. Grâce à leur attachement invincible consacré par la religion, ils ne perdent rien de cette douce sérénité qui embellit et fusionne agréablement leur double existence mêlée ensemble, *pleins de sollicitude pour conserver l'unité d'esprit dans le lien de la paix*. (Saint Paul, *ad Ephes.*, ix, 3.)

III

Comment les époux chrétiens acceptent les adversités

Dès lors, les revers de fortune ou les infirmités corporelles trouvent vaillants les deux époux tendrement unis. En se consolant l'un l'autre par des épanchements puisés à la source de toute consolation en Dieu, ils éprouvent un apaisement plein de charme que nulle créature ici-bas ne peut offrir, et ils se rassurent. L'exclamation : « C'est la volonté divine ! » leur devient habituelle et termine tous leurs entretiens.

Si non, le désespoir, comme un vorace vautour, après avoir secoué l'air domestique de ses mouvements désordonnés, s'acharne avec une horrible persistance à déchiqueter ces cœurs éperdus. Où se réfugieront-ils ? A qui demanderont-ils un secours nécessaire ?

Hélas ! les prétendus amis auxquels ils communiqueront leurs chagrins paraîtront d'abord s'apitoyer sur leur sort ; mais ensuite, en leur absence, les accuseront d'être eux-mêmes les auteurs de leurs propres maux. Ils évoqueront, à leur détriment, mille causes absurdes et contradictoires. Le mari, diront-ils, n'est pas capable d'administrer son bien, et la femme est dépourvue de jugement. A quoi bon leur donner des conseils ? Ils ne savent en profiter. Après tout, c'est leur affaire ; tant pis pour eux. S'ils sont malades, c'est encore leur faute. Pourquoi n'ont-ils pas plus de soin de leur santé ? Ils se privent de tout, pour augmenter leur avoir. Ce sont des avares, des intéressés. Tant mieux qu'ils souffrent ; peut-être changeront-ils de conduite à l'avenir.

Et eux les époux affligés, ainsi accablés d'injures par leurs proches et par leurs amis, offrent leurs souffrances au Maître souverain de la santé et de la maladie, qui, en retour de leur résignation, les comble des douceurs de l'espérance ; *car si quelqu'un fait la volonté de Dieu, il est exaucé.* (Joann., ix, 31.)

IV

Education première

Quels exemples pour les enfants qui en sont les heureux témoins ! Parlons mieux : quel enseignement plus pratique et plus instructif !

Initiés, pour ainsi dire, dès le berceau, à l'exercice des vertus les plus fécondes, parce qu'elles sont les plus cachées, les enfants s'éprennent d'admiration pour leurs parents, alors même qu'ils ne comprennent pas encore la portée de leurs actes. Dans leur petite imagination se produit un travail involontaire d'appréciation, qui acquiert peu à peu une fixité attentive, à laquelle rien n'échappe. Ils voient les larmes de leur tendre mère penchée vers eux, comme vers un objet consolateur. Sous les étreintes caressantes, ils s'entendent appeler des noms les plus doux, et surprennent dans cette effervescence de l'amour maternel la recherche d'une énergique impulsion et l'oubli des peines du moment. Un gracieux sourire échangé produit un effet magique. Ah ! que le Seigneur est bon, s'écrie alors la mère raffermie, en s'adressant au père, justement ému ; il nous a donné ces aimables enfants pour apaiser nos inquiétudes et dégager nos esprits des préoccupations malsaines. Puis, saisissant les mains de ces êtres chéris, elle les élève vers le ciel, en signe d'adoration et de prière, afin d'obtenir, par leur entremise, protection et salut. Comme jadis Las Cases, au milieu de la tempête déchaînée contre son vaisseau, prêt à sombrer dans les abîmes de l'océan, conjurait le Seigneur d'arrêter les flots courroucés, en tendant vers lui un jeune innocent.

A mesure que les enfants grandissent, les impressions salutaires de l'exemple se font plus accentuées et deviennent plus intelligibles. Ils se rendent mieux compte des actes et des paroles. Le passé, dont ils n'avaient pas bien compris tous les détails, leur revient à la mémoire; et se dépouillant de ses obscurités, s'impose à leur raison comme la sanction du présent.

Par une simple attraction, ces enfants se posent en fidèles imitateurs, après avoir été des observateurs subtils et scrupuleux.

Avec leurs parents, dès l'aube du jour ils se prosternent pour offrir au Conservateur suprême l'élan de la reconnaissance. Avec eux, dans une commune supplication, ils sollicitent de sa miséricordieuse générosité les grâces indispensables, et après les repas ils savent le bénir et le remercier de ses dons matériels. Ils se plaisent à la lecture de la Bible et de la Vie des Saints, tout en égrenant ensemble le Rosaire ou le Chapelet, en l'honneur de la Reine des anges. Enfin, quand l'heure du repos est arrivée, après avoir, en une dernière réunion de famille, appelé à leur aide l'assistance divine, ils s'endorment paisiblement.

Ainsi se forment les caractères virils ; ainsi

se perpétuent ces respectables traditions de famille dont notre siècle a été le dilapidateur insigne.

Le savant M. Charles de Ribbe dit excellemment dans son livre *la Vie domestique* : « Les révolutions sociales ont toujours commencé par le renversement des deux grands respects : celui de Dieu et celui du père [1]. »

V

La communauté domestique

Qui nous rendra ces veillées charmantes pendant lesquelles pères, mères, fils et filles se communiquaient avec ingénuité toutes les péripéties de la journée, autour de l'âtre flamboyant ? Là se déroulaient les légendes édifiantes, les histoires pieuses, les vieux souvenirs de la maison paternelle !

La Religion : parce qu'en unissant les âmes, elle les rend captives d'un mutuel respect qui ne tolère pas de séparation habituelle. Le plaisir pour elles est de resserrer les liens affectueux, en vivant ensemble, sans trêve et sans éloigne-

[1] *La Vie domestique, ses modèles et ses règles.*

ment. Plus elles se mettent en contact, plus leur bonheur est grand.

Aujourd'hui ce bonheur n'est plus goûté. Il y a dislocation dans les relations essentielles des membres de la famille. Avec le prophète Zacharie on a le droit de dire : *La terre pleure, parce que la famille est détruite.* (Zach., xii, 12.)

Les cercles, les cafés et les théâtres, en attirant la foule, ont renversé l'édifice domestique, devenu froid et désert [1]. Il est certaines familles où le père et les fils n'apparaissent qu'aux heures des repas. Si leurs revenus les exemptent du travail, ils traînent leur désœuvrement dans ces lieux publics. Le soir aussi et jusque vers dix, onze heures, et souvent plus tard, ceux qui gagnent leur pain à la sueur de leur front vont encore là, dans une atmosphère physiquement et moralement malsaine, dépenser argent et temps, qu'ils doivent à leurs proches, et auprès desquels ils se reposeraient cent fois mieux, dans une agréable causerie.

Il est facile de comprendre que cet éloignement du toit domestique inspire aux femmes, qui sont condamnées à le garder, des résolutions nuisibles et des écarts pernicieux.

Après tout, le mariage n'est-il pas une asso-

(1) Au chapitre III. la question des théâtres, cafés, etc., sera traitée spécialement.

ciation dont la vie commune est la raison sociale?

Détrompez-vous, proclament les contempteurs
de ce régime divin, nous ne sommes pas des
esclaves. En nous mariant, nous n'avons pas
entendu nous forger des chaînes intolérables.
Laissez-nous libres de dissiper au dehors les ennuis que nous supportons au dedans.

Le raisonnement des gens religieux est bien
différent. Nous ne trouvons pas de plus grand
bonheur, disent-ils, que d'être constamment en
face les uns des autres. Si celui-ci souffre, tous
nos cœurs souffrent avec lui, allégent sa douleur, et la lui font supporter avec patience. Si à
celui-là la constance manque, nos tendres ex-
hortations la lui raniment.

C'est la vivifiante et solide doctrine du grand
apôtre : *Nam sicut mulier de viro, ita vir per
mulierem omnia autem ex Deo.* (I ad Corinth.,
xi, 12.)

Alors toutes les affaires qui intéressent la famille se traitent avec prudence, et jamais un
étranger n'en connaît le moindre fil. N'est-ce
pas là un immense avantage?

Ah! combien d'autres avantages non moins
profitables qui découlent de cette communauté
d'idées, de paroles, d'actions louables! Il faudrait d'énormes volumes pour les relater. Mais

le premier, le plus essentiel, celui dont les effets se prolongent de génération en génération, comme une brillante traînée de gloire, c'est l'honneur. *Ce qui est de l'honneur, de la gloire, reposera sur vous*, dit l'apôtre saint Pierre. (I S. Petr., iv, 14.) Magnifique héritage, qui constitue le fondement solide de l'éducation des enfants.

VI

L'enfant, la mère, la nourrice

Y a-t-il, entend-on répéter sur tous les tons, question plus ardue, plus difficile que celle de l'éducation? Non, répondrai-je. Depuis que les parents se sont entièrement déchargés de cette noble mission, sur la première personne venue, rien n'a éprouvé autant de complications et de difficultés. Je parle, bien entendu, de l'éducation première, qui se fait au foyer domestique ; et celle-là est la meilleure, parce qu'on la suce avec le lait maternel.

Rares sont aujourd'hui les mères généreuses qui nourrissent elles-mêmes leurs nouveau-nés, surtout dans la haute société. Et comme tout a lieu par imitation, les classes inférieures tant soit peu aisées ont aussi adopté la coutume, contre nature, de livrer leurs enfants à des femmes étrangères, dont la moralité est quelquefois plus que suspecte.

De là, une foule d'inconvénients graves qui influent considérablement sur le caractère et les instincts des individus. La composition des éléments vitaux dépend essentiellement de la nourriture première. Mais ce qui est plus sérieux encore, c'est la formation de l'âme, s'il m'est permis d'ainsi parler, car l'âme est sans forme, esprit qu'elle est.

L'apôtre saint Paul l'inculquait aux Romains lorsqu'il leur écrivait : *Dieu nous a prédestinés à devenir les images de son Fils.* (Rom., VIII, 29.)

Or, qu'importe à cette nourrice, à gages et à terme fixé, l'élaboration de ce travail mystérieux et délicat ? Mille minutieuses tendances échapperont à son attention mercenaire, uniquement préoccupée, du reste, de la florissante santé de son nourrisson. Dès que celui-ci manifestera la moindre connaissance, en saisira-t-elle les rayons naissants, pour les porter vers Dieu, vers Jésus-Christ ? Profitera-t-elle de ses bégaiements précoces pour lui faire prononcer ces mots trois fois saints ? Lui enseignera-t-elle à former le signe de la croix, en lui indiquant le séjour de la béatitude éternelle, comme le pratique une mère chrétienne, dont l'amour immense a des intuitions pénétrantes ? Elle devine instantanément la volonté de cette créature chérie à laquelle son dévouement est sans bornes ; alors même que la parole n'explique pas encore l'action ou le désir de l'accomplir, son regard scrutateur descend jusque dans les derniers replis de cette âme, pour y surprendre le germe d'une vertu ou l'étincelle d'un vice. Vite, par des moyens dont elle possède le secret, elle cultive la vertu et étouffe le vice, mais si adroitement et avec tant de douceur qu'elle est souvent étonnée de ses succès.

A mesure que l'intelligence de l'enfant se développe d'une manière imperceptible pour les autres, la mère en soutient l'essor avec une complaisance touchante. Chaque jour elle en note les progrès et en décrit toutes les phases. C'est comme une fleur dont la sève est entre ses mains, et qu'elle dispense habilement, sur la tige, les branches et les feuilles, suivant leur besoin. Aujourd'hui le soleil lui est nécessaire, et demain c'est à l'ombre qu'il faudra la placer.

Énumérez, si vous le pouvez, ces soins innombrables ; calculez la valeur et le mérite de cette constance à toute épreuve qui ne se dément jamais.

VII

L'enfant débarrassé de ses langes

C'est l'heure de débarrasser l'enfant de ses langes. Jadis les mères, toujours poussées par l'esprit de foi, attendaient, pour opérer cette délivrance, la fête la plus proche, ou de la Purification de la Sainte Vierge, le 2 février, ou du Jeudi-Saint, ou encore de Notre-Dame de l'Assomption, le 15 août.

Il faisait beau voir ces essaims d'anges terrestres envahir nos saints temples, au milieu de la foule pieuse, distraite par leurs cris ; et recevoir, ce semblait, avec la bénédiction du prêtre, la faculté de se mouvoir et de marcher.

Levez-vous, leur commandait-il, comme saint Pierre au paralytique de l'Evangile, *levez-vous au nom de Jésus-Christ, et marchez.* (Act., III, 6.) Vous voilà désormais engagés dans la voie qui mène au salut. Ne vous en détournez jamais, et ne vous égarez point sur le chemin qui mène à la perdition, car vous iriez à la mort et à la mort éternelle.

Et les mères joyeuses leur faisaient former quelques pas sur le parvis sacré ; puis, les sou-

levant dans leurs bras émus, les offraient au
Seigneur, et les reportaient à leur demeure,
escortés de leurs parents, qui les félicitaient,
tandis que les enfants recevaient de tous les plus
tendres caresses.

On pourrait appeler cette religieuse coutume
l'initiation à la vie.

Peu à peu les pieds de l'enfant se raffermis-
sent, bientôt il va et vient, sans aucun appui.
Sa langue s'est aussi déliée. Entre lui et les
siens s'établissent de gracieux dialogues assai-
sonnés de vives réparties qui provoquent des
éclats de rire et des assauts de tendresse. On
commence par lui apprendre l'Oraison domini-
cale, la Salutation angélique, le Symbole des
apôtres, les Commandements de Dieu et de
l'Église. On lui ouvre le livre de la *Sainte
Croix*, c'est-à-dire de l'alphabet toujours précédé du signe bien visible de notre rédemption.
Enfin, il a sa place à la table commune, où ses
parents sont heureux de le voir figurer. *Sicut
novellæ olivarum in circuitu mensæ tuæ.* (Ps.
cxxvii, 3.) [1]

---

[1] A dessein, nous ne nommerons pas même cette *contrainte calculée* du nombre des enfants, qui est une honte
abominable, et qui suscite tant de désordres moraux dans la
société.

VIII

L'enfance — Les salles d'asile

Dès ce moment le père et la mère se partagent les leçons de lecture et de mémoire données à leur enfant, en y ajoutant quelques éléments de musique vocale. Ils s'appliquent à graver dans son esprit les récits instructifs de l'ancien et du nouveau Testament, auxquels font diversion des fables et des contes moraux. De courtes récréations multipliées sont la récompense de cette étude, qui, à cet âge, ne peut être longtemps soutenue. Elle doit être presque un amusement pour devenir profitable.

Les créateurs des salles d'asile l'ont bien compris, lorsqu'ils ont particularisé l'enseignement en des chants, des jeux mimiques, des marches et des contre-marches.

Mais ces salles d'asile arrachent trop tôt l'enfant à l'influence de la famille. Certainement elles sont un grand bienfait pour les classes ouvrières et les populations livrées aux travaux de l'agriculture, absentes de la maison pendant la journée. Pour la bourgeoisie et les rentiers, elles deviennent une surérogation.

En tout cas, pourquoi le Ciel en a-t-il inspiré la fondation, avec celle des crèches ?

C'est pour remédier à la négligence des parents, à leur manque de soins envers leurs enfants, et, disons le mot, à leur indifférence religieuse.

Anciennement, observons-le en passant, l'Etat demandait tout à la famille : l'éducation, l'instruction et le reste, pour former l'homme, dont il se servait dans les différents ressorts du mouvement social, dans la carrière diplomatique, dans la profession militaire, dans la cléricature, dans les arts et dans les sciences.

Aujourd'hui, les rôles sont intervertis : c'est la famille qui réclame à l'Etat la formation de l'individu. Quelle étrange anomalie ! Or, comme la politique a jeté les gouvernants modernes sur le chemin du scepticisme, sinon de l'athéisme, l'irréligion s'est armée du sceptre et a dominé l'univers. De là des règlements obligatoires pour la répartition des heures de la journée, dans lesquels la prière et l'enseignement religieux obtiennent à peine quelques minutes. En exiger davantage serait un larcin flagrant aux autres matières de l'instruction. Puis le bigotisme envahirait le pays ; et quel affreux malheur !

Tel est pourtant le raisonnement, presque

général, que vous tiennent même des gens honnêtes, dont l'esprit a été séduit par les grands
mots d'émancipation, de liberté de conscience,
de surveillance administrative.

C'est l'influence inexorable du serpent caché
sous la verdure et les fleurs à l'aspect attrayant.

Ainsi se sont multipliées en France ces idées
de progrès civilisateur inspirées par l'irrécon-
ciliable adversaire du bien et du vrai. L'antique
Dragon, maître passé dans l'art de l'astuce et
du mensonge, les a semées dans les âmes, sous
le fallacieux prétexte d'indépendance individuelle et d'ordre social. Il savait bien qu'une
fois soustraite à l'autorité religieuse des parents
trompés, l'enfance se laisserait facilement ino-
culer le poison délétère de l'incrédulité. Dès
lors, la perversion d'une génération entière
accomplie, celles qui la suivraient, imbues de
l'élément corrupteur, se soulèveraient plus
violemment encore contre le Seigneur et contre
son Christ.

Guerre terrible entrevue par le prophète
royal, quand il s'écriait :

*« Pourquoi les nations ont-elles frémi, et pour-
quoi les peuples ont-ils médité des folies ?*

*« Les rois et les princes de la terre se sont levés
et se sont rassemblés contre le Seigneur et contre
son Christ.*

« *Brisons leurs liens, et rejetons loin de nous leur joug, en l'avilissant.* » (Ps. ii, 1, 2, 3.)

IX

Les pensionnats

Afin de mieux réussir dans cette œuvre perfide, l'esprit destructeur de la religion et de la famille a imaginé les pensionnats pour les enfants des deux sexes. Jadis, on se serait révolté contre ceux qui auraient osé fonder de pareils établissements. L'opinion publique n'aurait pas manqué de les taxer de spéculateurs et de ravisseurs de la chose la plus sacrée, l'enfance. C'est tellement vrai, que les hommes illustres, comme saint Ignace de Loyola, le B. Lasalle, auxquels la famille doit la coopération du grand travail de l'éducation, réduisaient leur œuvre à l'externat, défendant expressément à leurs adeptes d'ouvrir des internats, *afin*, disent-ils, *de ne pas enlever à la famille son droit primordial.*

Si, de nos jours, les Jésuites, les Frères des écoles chrétiennes et d'autres religieux voués, par vocation, à l'enseignement de la jeunesse, se sont écartés des prescriptions de leur saint fondateur, ç'a été pour contrebalancer le mal opéré ailleurs.

Qu'était-ce donc que l'externat ?

Le voici : l'enfant ne quittait pas le foyer domestique ; à certaines heures de la journée, les portes du collége pour les garçons, et des conservatoires pour les filles, s'ouvraient aux écoliers, qui, la leçon entendue, revenaient dans leurs maisons, où ils travaillaient aux devoirs fixés et s'appliquaient aux études prescrites.

Ainsi le cœur des enfants, en contact permanent avec celui de leurs parents, s'y retrempait avec délice, dans une affection toujours croissante, en y puisant à longs traits le bonheur de la vie.

Aujourd'hui, le père et la mère envoient leurs fils et leurs filles le plus loin possible, car l'instruction semble croître à raison de la distance. Cette séparation est un désastre pour la famille, qui se disloque de toutes parts. Quoi d'étonnant ? Les membres qui la composent, se voyant à de rares intervalles, se désunissent insensiblement, sans éprouver aucun regret. Puis un oubli fâcheux étend ses sombres voiles, et presque l'on ne se connaît plus. Triste produit de nos systèmes émancipateurs [1].

(1) Voir ma brochure *Un vrai Gentilhomme ami du peuple au seizième siècle, Sébastien de Seguins*, p. 12 et 13.

En effet, examinons ce qui arrive.

Quelques jours après la séparation des parents et de l'enfant, séparation toujours douloureuse de part et d'autre, l'apaisement ne tarde pas à se produire chez tous. La famille attend avec anxiété la première lettre du collégien ou de la pensionnaire. Dès qu'elle sait que les larmes ne coulent plus et que les habitudes de cette séquestration sont acceptées de bonne grâce, tout souci s'envole. Pendant un certain temps encore, on se demande quel sera le bulletin scolaire, quelles seront les notes du trimestre. Ce passeport plus ou moins exact de la conduite, du travail et des aptitudes de l'élève est enfin arrivé ; mais, hélas ! il a porté le trouble dans la maison. La mère pleure, tandis que la colère a révolté le père, qui, d'une plume irascible, gourmande vertement l'enfant.

L'enfant, lui, sera peut-être un moment attendri ; mais ses compagnons, se moquant de sa sensibilité, finiront par le rassurer et le convaincre que les parents adressent toujours des reproches et ne savent pas agir autrement.

Cette conviction acquise, l'enfant se raidira de plus en plus contre les exigences paternelles, dont il finira par se moquer complétement. A son retour, aux vacances, il deviendra insupportable à tous les siens, qui, impuissants à

subjuguer sa volonté mutine, l'abandonneront
à ses caprices les plus extravagants. Comme
l'oiseau volage échappé de sa prison, car c'est
ainsi qu'il appellera le collége, il s'élancera im-
prudemment vers tous les lieux où un plaisir
quelconque semblera lui sourire. Qu'on ne lui
parle plus de prières, de confession, de lectures pieuses. Il en a assez. Si quelque jour on le
trouve attentif, un livre dans les mains, vite il
le cachera, car c'est une histoire immorale. Ne
lui reprochez pas de ne plus fréquenter tels ou
tels enfants de son âge, sages et religieux : leur
conduite est trop sévère pour lui.

Ce que j'avance ici n'est pas un conte, mais
une lamentable réalité.

C'est aussi exact pour les petites filles, avec
moins d'évidence et un peu plus de retenue, en
y ajoutant les prétentieuses ostentations de la
vanité. Elles trouvent leurs mères trop casa-
nières, et surtout beaucoup trop tenues aux
vieux usages de la politesse et de la mode. Ah !
la mode, voilà leur cauchemar. Maman, disent-
elles dans leurs petits comités, maman s'habille
d'une manière ridicule. Bientôt on la prendra
pour un masque. Elle veut que l'on salue aujourd'hui comme il y a trente ans. Il faut passer la journée au salon, ou bien compter le
linge avec la lessiveuse, et quelquefois s'occu-

per de le raccommoder. Qui sait si, un jour, on ne nous obligera pas à le laver nous-mêmes et à faire la cuisine. Nous sommes des esclaves, etc.

Non, il n'y a plus d'enfants, c'est navrant à constater, parce que l'atmosphère de la famille, d'abord viciée par le mépris des lois divines, est devenue écrasante pour tous ceux qui en respirent les émanations. Si elle a conservé son air embaumé de religion, son poids est encore plus lourd à ces jeunes cœurs en proie aux plus funestes illusions.

X

La première communion

Tout espoir n'est pas perdu. Je vois luire à l'horizon de ces existences encore impressionnables la brillante clarté d'une fête aussi solennelle que mémorable : la première communion. *Magna dies illa nec fuit similis ejus.* «Oui, grand jour que celui-là, et à nul autre comparable, » nous écrierons-nous, avec le prophète Jérémie. (Jerem., xxx, 7.) Fuyez, passions naissantes ; fuyez, vices corrupteurs; inclinations perverses, cessez vos coupables provocations, « car le jour du Seigneur approche. » *Silete, quia juxta est dies Domini.* (Sophon., i, 7.)

Certainement les honorables aumôniers de nos établissements d'éducation ne négligent aucun soin pour préparer les enfants à cet acte sublime. Pendant plusieurs mois, ils leur font un cours spécial d'instructions religieuses sur la divine Eucharistie. Des examens sérieux ont lieu sur ce sujet important, afin de s'assurer du degré de la science requise. Les confessions sont aussi plus fréquentes.

Mais cette préparation, quelque scrupuleuse et attentive qu'elle soit, ne sera-t-elle pas tenue en échec par les autres exercices scolaires, et surtout par les récréations? Remplacera-t-elle jamais cette préparation permanente, au foyer domestique, comme elle se pratiquait autrefois avec tant de vigilance, de précautions et de peines? Tout le monde s'en mêlait. Les grands-parents, comme le père et la mère et même les serviteurs, tous mûs par un égal désir de voir l'enfant noblement disposé à s'asseoir au vrai banquet de la vie. Chacun lui prêchait la grandeur de cette action; chacun, avec le langage d'un cœur chrétien, lui exaltait le bonheur d'une âme nourrie du corps et du sang de Jésus-Christ. — Mon enfant, lui disait-on, la première communion est la base fondamentale de notre existence. — Quelle précieuse faveur de se nourrir de la chair de l'Agneau divin ! — On devient d'autres Jésus-Christ. — Ce n'est plus nous qui vivons, mais c'est Jésus-Christ qui vit en nous. — Oh ! répétez souvent : venez, venez, doux Sauveur, descendez en moi avec tous vos dons ; ne tardez pas, je désire ardemment vous recevoir au plus tôt, etc.

Ces saintes aspirations, mêlées à des récits édifiants, échauffaient l'ardeur des enfants, dont l'esprit se fixait à cette unique pensée : bientôt je communierai.

Aux jeunes garçons, on leur parlait de saint Louis de Gonzague, de saint Antoine de Padoue, de saint Stanislas Koska, qui, à la force de prier Jésus de venir en eux, le recevaient vivant entre leurs bras, comblés de ses plus affectueuses caresses. On leur rappelait aussi les paroles des grands hommes qui avaient publié que le souvenir de ce beau jour ne les avait jamais abandonnés et s'était dressé devant eux comme une sauvegarde contre leurs passions.

Aux jeunes filles, on citait l'exemple de sainte Geneviève de Paris, qui, après s'être fortifiée du pain des anges, conviait ses concitoyens à l'espérance d'un triomphe prochain ; de Jeanne d'Arc courant sus, avec vaillance, contre les ennemis du royaume, en criant : « J'ai au cœur le Roi des forts, allons à la victoire ! » ; d'une Bienheureuse Imelda Lambertini, qui, à l'âge de dix ans, expirait d'amour un instant après avoir reçu la sainte hostie.

Il est facile de comprendre l'effet de ces entretiens familiers, tenus sans apprêt comme sans ostentation.

Quand arrivait l'examen public du catéchisme, qui se faisait dans l'église paroissiale, présidé par le curé, une foule nombreuse y accourait, pour encourager les candidats et les complimenter de leur aptitude.

Puis suivait la retraite préparatoire au grand jour, pendant laquelle les enfants allaient de l'église à la maison, toujours accompagnés de quelqu'un de leurs proches.

Enfin, la veille de la première communion, quand toute la famille était réunie, le communiant s'agenouillait, et, à haute voix, demandait humblement pardon des chagrins et des mauvais exemples qu'il avait donnés. Alors l'émotion se communiquant, provoquait des sanglots et des pleurs.

Et le lendemain, grand-père, grand'mère, père, mère, frères et sœurs devenaient les convives de la table sainte, à laquelle un enfant bien-aimé s'asseyait pour la première fois.

O jour trois fois heureux ! jour d'enivrantes et

pures consolations, tu tends encore à disparaître du calendrier domestique, pour t'éclipser
dans les joies éphémères d'un entourage bien
différent de celui de la famille.

XI

L'adolescence

Alors commence l'adolescence, cette transi-
tion si épineuse, si mouvementée de la jeunesse
à l'âge viril. *En quoi*, se demande le Sage de
l'Ecriture, *en quoi l'adolescent rendra-t-il sa voie
droite ? En gardant les commandements du Seigneur.* (Ps. cxviii, 9.)

Voilà justement la grande et haute école pour
laquelle la famille est constituée : *la garde des
préceptes divins.* Ils sont donc bien coupables les
parents qui ébranlent cette constitution, en ne
veillant pas sur son inviolable maintien, et en
négligeant de réprimer sévèrement les tentatives
même légères dont elle peut être assaillie, sous
leurs yeux. Du reste, plus ils en exigeront le
respect, plus leur propre autorité se raffer-
mira.

On se plaint généralement aujourd'hui de
l'insoumission de la jeunesse. Sur cent pères de

famille, deux ou trois s'avoueront exempts des
soucis engendrés par la désobéissance de leurs
enfants grandis. Mais, observez-le bien, ceux-là
seuls sont demeurés fidèles aux lois religieuses.
Quelques-uns peuvent se rencontrer aussi ne
les pratiquant pas, et cependant ne causant
autour d'eux aucun chagrin sensible ; ceux-là
ont reçu du Ciel un tempérament lymphatique.
C'est tout simplement de la vertu naturelle, et
pas davantage. Attendez qu'une passion s'en
empare, et vous verrez si cette eau stagnante ne
bouillonnera pas.

C'est précisément sur les premiers feux de la
passion naissante que la vigilance doit s'exercer.
Aux parents d'en étouffer promptement l'apparition soudaine. La religion leur fournira les
moyens infaillibles de briser une mauvaise ten-
dance, dès quelle se manifestera. A l'aide du
puissant levier de leur amour, ils soulève-
ront toutes les racines du mal, et en arracheront
jusqu'aux derniers vestiges.

Le cœur de l'adolescent est facilement captivé,
il est vite pris comme l'agneau innocent. Mais
aussi la dissimulation n'en trouble pas l'ingénuité, lorsqu'il a conservé sa pudique modestie
au sein des sentiments religieux. Si les batte-
ments acquièrent une certaine précipitation
inconnue, la méfiance de lui-même ne tarde pas

à lui donner l'éveil. Quelle est donc, se dit-il, cette inquiétude étrange dont je n'avais jamais ressenti les atteintes ? Tout mon être en est profondément agité, *c'est comme une huile bouillante versée jusqu'à la moelle de mes os, qui en frémissent.* (Jerem., XXIII, 9.) Il se souvient alors d'une conversation intime tenue discrètement, entre lui et quelques jeunes gens de son âge, pendant laquelle le rouge lui est monté au front. Qu'y avait-il, dans les termes et dans le sujet, pour susciter une pareille sensation ? Pourquoi cette sensation, comme une étincelle électrique, s'est-elle reproduite, depuis, toutes les fois que le souvenir en a été invoqué ? Pourquoi, enfin, en éprouve-t-il un vrai charme ?

XII

Mauvaises sociétés

Pour résoudre ces questions et dissiper toutes ces perplexités, l'adolescent — et quoique parlant au singulier et au masculin, j'entends toujours le jeune homme comme la jeune fille — l'adolescent, dis-je, a recours à son conseiller habituel, sa tendre mère. — Mère, s'écrie-t-il d'une voix tremblottante à demi-voilée par une involontaire émotion et les yeux humides de larmes, je ne sais comment vous expliquer ce qui se passe en moi. Un ennui indicible m'accable, et la cause m'en est inconnue, ou plutôt je l'éprouve depuis que nous avons eu la visite de l'autre jour.

— Ah ! j'entends, réplique la mère, qui a l'intelligence de ces derniers mots.

Alors, après avoir rasséréné ce cœur endolori par des observations consolantes, elle éloigne adroitement ces visiteurs dangereux ; ou, si cela ne se peut faire sans blesser les lois de la convenance, elle ne les quittera pas un seul moment.

Quoi de plus redoutable et de plus pernicieux que les mauvaises sociétés ? Une fois qu'on est tombé dans leurs filets, il est difficile d'en sortir. Je ne puis, sans frémir, voir des parents laisser pleine et entière liberté, à cet égard, à leurs enfants, sous le prétexte trompeur que la jeunesse doit apprendre à vivre à ses propres dépens. Mais la jeunesse a-t-elle du bon sens, de l'expérience, du jugement et de la raison ? Sait-elle choisir judicieusement entre le devoir rigoureux et ses interprétations moins sévères, permises dans certains cas particuliers ? Entrevoit-elle les funestes conséquences d'un sentiment licite en apparence, et au fond répréhensible et condamnablē? Peut-elle mesurer la profondeur de l'abîme dans lequel elle s'est engagée naïvement ? L'esprit de mal lui crie : Marche, marche, ne t'effraye pas, secoue tes craintes imaginaires, ton âge t'appelle à la jouissance ; jouis, quand il en est l'heure. La vie passe comme une ombre. Plus tard, réclameras-tu vainement à ton cœur, à ton imagination et à tes sens vieillis des satisfactions qu'ils seront impuissants à t'accorder ?

Comment résister à ces insinuations, lorsqu'on a dix-huit, vingt ans, et qu'elles vous sont adressées par des gens du même âge, emportés eux-mêmes vers les rives enchantées d'un plaisir éphémère ?

Notez bien qu'une fois la conscience blasée, il n'y a plus de frein et de limite aux aberrations de tout genre. Le sentiment religieux ayant disparu, la perversité est accomplie. Alors surgissent ces débats scandaleux entre parents et enfants, à propos de tout et à propos de rien. C'est la lutte irritante en permanence au foyer domestique. On se traite d'égal à égal, avec un sans-façon désespérant, soutenu par le tutoiement si généralement répandu aujourd'hui dans les familles. Plus de distinction entre le père et le fils, entre la mère et la fille ; le fatal *tu* a nivelé les positions et en a ruiné l'honorabilité.

N'avons-nous pas vu, avec une profonde douleur, des fils traiter publiquement leurs pères d'hommes arriérés, de bigots, d'ignares, de vieux encroûtés obstinés à des pratiques absurdes et à des idées d'un autre siècle de superstition ?

Mais, horrible profanation de l'autorité paternelle, n'avons-nous pas entendu des pères se rire eux aussi des habitudes religieuses de leurs fils et les qualifier de femmelettes ?

En vérité, quels chaos !... Qui l'a formé ?

Les mauvaises compagnies.

XIII

Cris contre Dieu, l'Église, etc.

Entrez, à toute heure, dans un de ces lieux publics appelés cafés, cercles, estaminets, etc., et prêtez l'oreille aux différentes conversations engagées sur tous les points. Mais soyez de sang-froid, je vous prie. Eh bien ! que dit-on ? Pas une autorité qui n'y soit battue en brèches. Depuis la plus respectable, qui est celle de Dieu, jusqu'à celle du dernier représentant de la loi humaine, toutes y subissent des coups formidables.

Dieu, l'Eglise, leurs commandements, le souverain-pontife, les évêques, les prêtres et les religieux, les rois et les autres maîtres des peuples, les chefs de familles, les magistrats de tout ordre passent successivement sous la férule impitoyable de ces jeunes imberbes, dont les libations abondantes échauffent l'imagination en délire.

Entendez ces blasphèmes horribles, ces jurements insolents contre l'adorable majesté du Créateur, dont l'existence sera même discutée et souvent anéantie. Et s'il existe, s'occupe-t-il de nous ?

Certes ! répondrai-je à ces insensés, il ne s'occupe que trop de vous, en vous conservant la santé, la fortune ou l'aisance du travail, en vous pardonnant vos injures grossières, et en ne vous foudroyant pas dans sa juste colère.

Mais c'est surtout à l'Eglise qu'ils en veulent, c'est contre ses lois et ses décisions qu'ils aiguisent leurs traits les plus acérés, sachant bien qu'elle est le solide rempart de la vérité et de la justice, de la morale et de l'ordre. Jusqu'à un certain point ils accepteraient les commandements de Dieu, comme étant tous inscrits dans la législation naturelle ; mais pour les ordonnances de l'Eglise, c'est différent. Qui lui a conféré ce pouvoir législatif ?

Pauvres raisonneurs, voudriez-vous me répondre à votre tour ?

Est-ce que toute société bien constituée ne jouit pas du droit de faire des lois et de les imposer à ses membres ? Le nier serait attentatoire au régime universel qui gouverne le monde et que le monde accepte. Or, l'Église, société vivante s'il en fut jamais, sur les cinq points du globe, seule serait privée de cet éternel élément de vitalité, le droit de confectionner des lois et de les rendre exécutoires.

Libre à vous de le lui contester et de ne pas vous y soumettre ; mais sachez que hors de son bercail, il n'y a point de salut.

Quelle étonnante proposition ai-je avancée là ?

Elle est accueillie par des sarcasmes et des rires moqueurs.

Hélas ! aurait-on jamais cru et le croira-t-on jamais que des catholiques insulteraient, avec tant de mépris, à l'honneur d'une société à laquelle ils appartiennent par leur consécration baptismale ? Qu'un païen, un infidèle déchirent à belles dents la robe de l'Eglise, cela ne surprend pas ; mais entendre des chrétiens déshonorer leur propre mère, quoi de plus révoltant ?

Dès lors, indifférence en matière religieuse et proclamation de cet axiôme absurde : *Toutes les religions sont bonnes.* Voilà donc au même rang l'adorateur du vrai Dieu et l'imbécile paria qui prodigue son encens aux idoles les plus immondes. Voilà le philosophe et l'anthropophage, le boudhiste et le chacabout, le déiste et l'athée, les adeptes de Confucius et de Mahomet, les dithéistes, les monothéistes, les mormons, les judaïsants, les nécromanciens et mille autres sectateurs fanatiques prétendant au royaume des cieux, comme le chrétien le plus sincère et le plus fervent.

C'est inouï.

Et quand on songe que de telles propositions sont émises, défendues avec passion par des catholiques, on est tenté de s'écrier avec le Sage de l'Ecriture : « Le nombre des fous est innombrable. » *Et stultorum infinitus est numerus.* (Eccl., 1, 15.)

XIV

Déclamations contre le pape, les évêques, les prêtres, les religieux

Mais, de quoi se mêle le souverain-pontife ? Du haut du Vatican, il a la prétention de gouverner l'univers. Par son *Syllabus* menaçant, il a cru nous atteindre et nous épouvanter. Nous ne sommes plus au temps d'ignorance et de faiblesse où les peuples timides courbaient obséquieusement la tête sous la houlette pontificale. Bien plus, le concile du Vatican a surajouté à cette curieuse puissance, en la déclarant infaillible.

Eh ! comment, le chef spirituel de deux cent millions d'hommes, gardien de leurs croyances séculaires, apercevant l'ennemi se jeter sur elles pour en altérer la pureté, ne criera pas : « Au voleur ! » O vous, qui osez l'accuser d'une vigilance excessive, ne l'imiteriez-vous pas, si votre honorabilité souffrait la moindre attaque ? Un père ne saurait être trop jaloux de l'honneur de sa famille. Le pape a raison de dissiper les nuages qui tendent à obscurcir la vérité, de plaider la cause de la justice follement attaquée, et de prémunir ses enfants contre les ruses, les fourberies et les piéges auxquels ils sont exposés.

L'infaillibilité qui vous offusque n'est pas un dogme nouveau. Tous les siècles l'ont reconnue et l'ont adoptée. Est-il jamais venu à l'esprit d'un catholique que le suprême régulateur de la foi, toujours assisté des lumières divines, pouvait se tromper et nous tromper dans les choses de la foi ? Car l'infaillibilité ne touche qu'à ce domaine, et non aux affaires temporelles ou physiques, comme certains ont trouvé bon de le publier, afin d'égarer l'opinion et de la soulever. N'est-ce pas ridicule d'affirmer que le pape nous obligera à croire que deux et deux font cinq, ou bien qu'un cercle est un carré, et mille billevesées de ce calibre-là ?

Enfin, la qualité de roi ne convient pas au représentant de Jésus-Christ, qui a dit : *Mon royaume n'est pas de ce monde.* (Joann., xviii, 36.) Donc les garibaldiens ont eu raison de s'emparer des Etats romains.

C'est cela, le souverain-pontife ira de porte en porte mendier son pain de chaque jour ; il tendra la main à tous les passants pour réclamer une obole. Sa dignité gagnera beaucoup à cette situation précaire de pauvreté et de dépendance. Et si, pour le préserver au moins de la mendicité, le monarque chez lequel il sera établi et dont il deviendra ainsi le sujet, lui fait un traitement honorable, ce monarque, par caprice ou par des raisons politiques, ne lui retranchera-t-il pas les vivres ?

Du reste, les possessions dont on l'a privé lui appartenaient-elles ? N'était-il pas simplement usufruitier ? Qu'entendaient Pépin, Charlemagne, la princesse Mathilde et les autres donateurs du patrimoine de Saint-Pierre, sinon de rendre le vicaire de Jésus-Christ absolument indépendant et libre ? Ils voulaient le mettre à l'abri du besoin, et en même temps lui fournir les moyens de solenniser le culte, de sustenter les serviteurs de Dieu et d'alimenter les œuvres charitables.

En tous cas, depuis quand le vol est-il devenu permis ? Or, comment qualifier autrement cette façon de s'annexer le bien d'autrui ? Franchement je ne vois pas pourquoi ces prôneurs de la rapine se fâcheraient contre celui qui s'annexerait leurs propriétés ou leur argent. A quoi bon des tribunaux ?

S'ils attaquent ainsi le souverain-pontife, que ne diront-ils pas contre les évêques, les prêtres et les religieux ? Certainement tous ne voudront pas les fusiller. Oh ! non, mais seulement les mettre hors la loi. Leur grand cheval de bataille est que le sacerdoce est envahisseur et veut tout gouverner. Que les évêques, les prêtres et les religieux restent dans leurs sacristies et dans leurs églises, à la bonne heure ; mais que là même ils ne s'ingèrent pas dans nos affaires. Pourquoi font-ils de la politique en chaire ?

Ah ! si cette dernière affirmation est vraie pour quelques-uns d'entre eux, je ne les en loue pas : c'est inconvenant et très blâmable.

La politique doit être laissée rigoureusement à la porte l'église, et le prêtre au dehors ne doit avoir qu'un seul drapeau, *la croix de Jésus-Christ*, son modèle, sans jamais en arborer un autre.

Quant à ce que vous appelez vos affaires, ô insulteurs légers, permettez-moi de vous dire que les pasteurs des âmes en sont responsables ; ils ne veulent pas trahir leurs obligations et forfaire à leur conscience, en négligeant de s'en occuper. Quelles sont ces affaires? Votre salut éternel basé sur l'acquisition des vertus privées et des vertus sociales ; la défense de vos propres intérêts par l'enseignement catholique des commandements de Dieu et de l'Egliee ; la prédication de la morale, sauvegarde assurée de la famille et des individus ; la destruction des vices déshonorants et ravageurs ; le maintien et l'exaltation de la probité et de l'honneur. Voilà vos affaires, dont les prêtres sont jaloux de se préoccuper et aussi de défendre à outrance, même au péril de leur vie.

Passe pour les prêtres séculiers ; mais cette foule de moines fainéants qui, depuis quelques années, ont envahi la France, à quoi servent-ils? Ils ravissent aux pauvres les ressources dont les riches disposent en leur faveur. Nous ne sommes plus au moyen-âge.

En vérité, de quoi vous occupez-vous vous-mêmes? Est-ce que les moines vont solliciter vos aumônes ? La mendicité est interdite. N'êtes-vous pas libres, en tout cas, de la leur refuser?

Vous les accusez tous de fainéantise bien gratuitement; s'il y en a qui ne font rien, qu'on les fasse travailler ; s'ils ont des rentes, n'ont-ils pas le droit d'en jouir? Mais voyez : Trappistes, Cisterciens, Bernardins, Frères des écoles chrétiennes et de Saint-Jean-de-Dieu, Dominicains, Jésuites, Franciscains, Carmes, Chartreux, Olivétains, Barnabites, Bénédictins, etc., travaillent ou de corps ou d'esprit, défrichant les terres incultes, desséchant les marais, soignant les malades, élevant la jeunesse, composant et imprimant des livres, prêchant la parole de Dieu et attirant sur nous les bénédictions célestes par leurs prières incessantes. Et ce sont là des fainéants ? Comparez votre *far niente* à leur vie laborieuse, vous verrez de quel côté l'épithète est méritée.

Plût à Dieu que l'ardente foi dont le moyen-âge fut nourri s'emparât de nouveau de notre cher pays ; sa face serait bientôt admirable de sagesse et de justice. A cette époque mémorable, la grande majorité des Français pratiquait, en un commun élan, sans respect humain, les commandements du Seigneur et de la sainte Eglise. La charité, règnant en souveraine, ins-

pirait des fondations d'hospices de tout genre
pour les vieillards, les infirmes, les incurables,
les orphelins, les veuves, les convalescents ; des
établissements où l'on trouvait gratuitement de
la viande, des légumes, du pain et du vin ; des
maisons dont le personnel se transportait à domicile pour secourir les malades et les indigents ;
des maîtrises qui plaçaient et patronnaient l'apprenti ; des tribunaux de prud'hommes veillant
sur les intérêts des ouvriers et jugeant les différends soulevés entre les maîtres et les serviteurs. Pendant trois jours les monastères hébergeaient les voyageurs et les pèlerins, tandis que
pendant toute l'année les pauvres venaient à
midi recevoir leur dîner. Combien de génies seraient restés ignorés et perdus, sans les écoles
des couvents ! Que de chefs-d'œuvre artistiques,
scientifiques et littéraires qui n'auraient jamais
été produits ! Des orateurs religieux et profanes
y ont été formés ; des musiciens célèbres, des
peintres distingués, des poètes renommés, des
guerriers illustres et des magistrats habiles y
rencontrèrent des professeurs intelligents qui
firent jaillir en eux l'étincelle du talent dont le
Ciel les avait favorisés.

Le moyen-âge valait infiniment mieux que
notre âge moderne.

En fait d'œuvres charitables, quelles qu'elles

soient, créées de nos jours, toutes ne sont que des rénovations jadis inventées par la religion. La seule différence, c'est qu'anciennement ni l'Etat, ni les communes, et, par conséquent, les impôts ne contribuaient en rien à ces œuvres, tandis qu'actuellement nous en payons tous les frais. Alors les particuliers les établissaient, à perpétuité, avec des capitaux distraits de leur fortune, quelquefois même avec leur fortune entière; et aujourd'hui le gouvernement ou les municipalités les fondent à l'aide des deniers publics et des centimes additionnels.

XV

Le cléricalisme

Si quelqu'un s'avise de riposter, comme je viens de le faire, vite on lui jette à la tête le titre de *clérical*. Dès lors il mérite la corde, et on le fuit comme un être dangereux. Ne leur demandez pas ce qu'ils entendent par cette injure ; ils seraient fort embarrassés pour vous l'expliquer. Leur dictionnaire leur dira que *clérical* s'applique à ce qui tient au clergé et aux ecclésiastiques ; mais ils ne comprennent pas ainsi cet adjectif. Vaguement, à leur sens, un clérical est un bon chrétien pratiquant fidèlement sa religion et ayant le courage de la défendre. Pour eux, un israélite, pieux observateur de sa loi et des cérémonies de son culte, probe, honnête, respectant les opinions d'autrui, secourant les malheureux, devient aussi un clérical.

Vous allez à la messe. Vous êtes clérical.

Vous vous abstenez de la viande le vendredi et le samedi ? Vous êtes clérical.

Vous respectez les saints prêtres martyrs de leurs devoirs ? Vous êtes clérical.

Mais les juifs et les protestants respectent leurs rabbins et leurs ministres ? Ce sont des cléricaux.

Vous saluez le signe de notre rédemption que vous rencontrez sur une place publique ou au bord d'une route ? Ah ! quel clérical !

Au lieu de repaître votre esprit de ces romans infâmes dont nous sommes inondés, préférez-vous le nourrir de la lecture de livres moraux, sérieux et graves ? Vous tombez dans le cléricalisme.

Vous abstenez-vous d'aller au théâtre, où l'immoralité la plus révoltante est mise en scène et couronnée de gloire ? Vous voilà embourbés dans la fange des idées cléricales.

Arrière, cléricalisme, ennemi du progrès et des lumières !

Citons à ce sujet les excellents propos d'un conservateur :

« Il est peu de termes dont on abuse plus que celui de *clérical* et qu'on entende moins. Généralement, on l'emploie si mal à propos et si de travers, qu'on a fini par en luxer tout à fait le sens légitime. Au compte du vulgaire, un homme qui va à la messe est un clérical avéré ; demain, un homme qui croira en Dieu, qui en proférera le nom, même en dehors de toute religion positive, sera un clérical. De la sorte Platon, Cicéron et une grande partie des sages du paganisme seront des cléricaux. Le fameux *proh Dii immortales* des orateurs anciens sera passible de l'amende dont il est question dans *Rabagas*. Le gouvernement qui, dans un pays catholique, assurera à des catholiques la simple et naturelle liberté de pratiquer leurs devoirs de catholiques, sera, par ce fait seul, un gouvernement clérical.

« Non pas, ne vous en déplaise : en bon français, être clérical c'est subordonner la religion à la politique, faire de la religion un instrument de règne, la rendre servante d'un intérêt humain, ou bien encore exploiter les sentiments religieux au profit d'un clergé, dans le dessein de le transformer en une caste temporellement dominante. Un gouvernement clérical serait celui, par exemple, qni exigerait que, pour être préfet, percepteur, ingénieur des ponts-et-chaussées, commandant de gendarmerie, garde des eaux et forêts, etc., on eût fait authentiquement le pèlerinage de Lourdes, de Chartres, de Paray-le-Monial.

« Dans ce sens, le cléricalisme peut être de toutes les religions et de toutes les sectes ; il peut être protestant, juif, musulman, même franc-maçonnique. C'est, en définitive, l'oppression ou la confiscation de tous les autres intérêts et de tous les autres droits, immolés, non pas spirituellement, mais matériellement, aux prétentions et aux vues d'une église, d'une synagogue, d'un sanhédrin quelconque.

« Ce sont les cléricaux de Jérusalem qui ont crucifié le Christ.

« La foi religieuse ne force pas la préférence pour un ordre politique plutôt que pour un autre. Il suffit que le croyant ait affaire à un régime social ou législatif, dont aucun point ne blesse sa croyance, n'en mutile l'exercice, n'en contraigne l'essor. Voilà qui était admis autrefois et qui ne l'est plus. La divergence des sentiments politiques n'excluait nullement la communauté du symbole dans les choses de la conscience. Des républicains étaient catholiques non moins que des monarchistes. Les républicains de 1848 avaient à cœur de faire bénir par le clergé leurs arbres de la liberté.

« Aujourd'hui tout ce qui fait le signe de la croix est réputé incompatible avec la qualité de citoyen et outrageux pour la dignité humaine. On n'est libéral qu'à la condition de se coiffer les oreilles de la cocarde de l'athéisme. Le meilleur gage de civisme que l'on puisse donner est l'ostentation d'incrédulité pendant la vie et après. On regrette la mort, parce qu'elle est la fin du blasphème. Faire gras le vendredi-saint, procréer, *élever*, enterrer des enfants hors de l'Eglise, est devenu un titre de distinction révolutionnaire ; et je vois surgir une noblesse nouvelle, celle des Croisés du Saucisson.

« Dans cent ans, pour peu qu'il en aille de la sorte, on dira de telle ou telle famille : « Depuis « quatre générations, elle ne pratique plus l'en- « terrement religieux ; pas un de ses membres « n'a été souillé d'une goutte d'eau bénite ; « céans, le vieillard aux cheveux blancs est « aussi pur du contact d'un prêtre que l'enfant « né d'hier. »

« L'Evangile nous montre les démons sortant du corps d'un homme pour passer dans celui d'un pourceau ; de nos jours, nous voyons l'inverse ou le réciproque, et le miracle est retourné. Le pourceau n'est plus le récipient, il est la source.

« C'est, en somme, honorer les rois que de
supposer qu'on ne les détruira qu'en détruisant
parmi les hommes l'idée de Dieu ; et ils ne sont
pas à plaindre d'être associés à Dieu, car Dieu
a la vie dure ; il en a bien vu d'autres que le
4 septembre, même que le 18 mars. À des intervalles réglés, il s'est rencontré des hommes forts
qui ont vaticiné que le christianisme n'en avait
pas *pour cinquante ans dans le ventre* ; c'est le
tour de phrase consacré. Qu'il a passé de *cinquante ans* depuis que cela a été dit pour la première fois, depuis Julien l'Apostat jusqu'à nos
jours.

« Ce progrès de la révolte contre l'Eglise catholique me paraît un des phénomènes les plus
étonnants d'un siècle qui se targue de démo-
cratie. L'Eglise a été la seule institution démocratique de l'ancien régime. Là, plus de preuves
de noblesse à faire, plus de *quartiers* requis pour
arriver à tout. Parti de peu ou de rien, on devenait évêque, cardinal, pape. Lumières, vertus,
talents, éloquence, capacité et valeur personne-
nelle, voilà les bases communes sur lesquelles
s'édifiaient les hautes fortunes ecclésiastiques.

« Il était presque interdit à un homme du
bas peuple de prétendre à être maréchal de
France, ou président d'un parlement ; il lui était
permis, par la seule voie du mérite, de gravir

toute l'échelle des dignités de l'Eglise, qui
allaient de pair avec les plus éminentes du
monde. Le pape Jean XXII, de Cahors, était le
fils d'un cordonnier. Le pape Sixte-Quint fut
un gardeur de pourceaux. Que d'autres on
pourrait citer ! Et la tradition n'est pas rompue;
dans le clergé actuel, la plupart de nos évêques
sont des fils de paysans, ou de chétifs bourgeois,
élevés à l'aide de *bourses*.

« Et ce sont ces hommes, l'honneur et l'exemple des *petits*, qui sont de préférence signalés
aux mauvais vouloirs et aux soupçons des *petits !*
L'Eglise a béni et sanctifié la misère ; l'Eglise a
glorifié et ennobli le travail sous toutes ses formes et tous ses modes, le travail intellectuel, le
travail artistique, même le plus roturier et le
plus mercenaire, celui des mains ; la presse, qui
s'arroge d'être démocratique, ameute incessam-
ment contre l'Eglise la foule séduite des travailleurs et des misérables !

« Depuis Robespierre, nous avons baissé,
nous sommes encore descendus. Lui, il avait la
lucidité de reconnaître et le courage d'avouer
que la foi en un Dieu et en une vie future est
une nécessité saine, heureuse et consolante,
surtout pour les déshérités en ce monde ; et il
se sentait l'envie de déposséder de ce privilége
les aristocrates. Il leur contestait leurs perspec-

tives et leurs chances d'outre-tombe ; il eût volontiers fait de l'immortalité de l'âme une prérogative, une prime purement démocratique.

« Aujourd'hui, en tête des revendications de nos démocrates est placé le droit au néant, le droit à la pourriture radicale *in sæcula sæculorum !*

« Les gens du peuple se laissent pousser à ces doctrines, comme dans les orages civils ils se laissent pousser aux barricades, tout aussi bêtement, aussi servilement, aussi moutonnièrement : troupeau toujours à là merci d'un charlatan de science ou d'un charlatan d'Etat, d'un charlatan de chaire ou d'un charlatan de tribune.

« J'ai rencontré, une fois, dans un cimetière, un enterrement civil. Cette vue me causa une indicible compassion. J'observai ce piteux cortége avec une curiosité navrée ; je cherchais à lire le secret de toutes ces figures qui défilaient devant moi. J'aurais voulu tenir à part chacun de ces hommes, lui faire raconter sa vie, surtout lui faire déduire les raisons qui l'avaient déterminé à s'affilier à la religion du *Rien.*

« A juger sur les mines, ils paraissaient encrassés d'une épaisse rouille d'ignorance et d'hébétement. Sous les regards, par orgueil humain, ils se redressaient avec un certain air de défi. Nous toisant, ils semblaient vouloir nous dire :

« Vous autres, vous rampez, intelligences
« avilies, dans l'ornière des vieilles et sottes
« superstitions ! Nous, nous sommes les éman-
« cipés de la science, les illuminés, les rachetés
« de la démonstration ! »

« Hélas ! pauvres gens, savez-vous seulement ce qui entre dans ce mot de science ? Savez-vous quel amas de difficultés surhumaines est renfermé dans cette chose que notre vanité appelle démonstration [1] ? »

XVI

Fureur contre toutes les royautés, les gouvernements, etc.

C'est bien pire, lorsque s'ouvre le chapitre de la royauté. Tous les monarques de la terre ont été et seront toujours les oppresseurs des peuples. A bas les tyrans !

Certainement, et il faudrait mentir à l'histoire pour le nier, des rois ont abusé de leur suprême autorité envers leurs sujets. Plusieurs se sont joué de la vie des hommes, avec une légè-

[1] A. Grenier (*Figaro* du 9 septembre 1873).

reté coupable, en entreprenant des guerres in-
sensées uniquement légitimées par leur ambition ou leur caprice. D'autres ont foulé aux pieds
leurs devoirs moraux, et donné le lamentable
exemple de la débauche, en vivant comme des
Sardanapales ou des Balthazards. Ceux-ci n'ont
pas craint de déchirer les droits imprescriptibles
de la justice, en s'emparant violemment de ce
qui ne leur appartenait pas. A ceux-là, l'épée ou
le poison, le cachot ou l'exil servaient tour à
tour leur autocratique méchanceté. Qui l'ignore ?

Mais ce que nous savons également, c'est que
ce sont là des exceptions douloureuses, et que le
plus grand nombre des rois de France s'est toujours attiré le respect et l'amour.

Eh ! mon Dieu, si on fouillait dans les annales
des familles, y en aurait-il une qui n'eut pas
subi l'injure de quelque honte ? Un Judas s'est
rencontré parmi les douze apôtres ; serait-il
juste de verser sur ceux-ci l'ignominie de leur
traître collègue ?

Difficile est l'art de gouverner. Il y a toujours
des froissements inévitables, des déboires imprévus, des injustices involontaires dans la ges-
tion des intérêts publics. Un roi ne voit pas
tout, et ne peut pas tout connaître. De là le
vieux dicton : *Ah ! si le roi savait !* Sa bonne foi
est exposée à des surprises et à des calculs dont

les conséquences funestes lui sont adroitement cachées. Enfermé dans son palais inaccessible au commun des mortels, entouré de gardes et de courtisans, il ignore tout ce qui se passe au dehors. Si on lui en apprend une partie, c'est toujours sous un prisme trompeur. Les flatteurs intrigants l'obsèdent de leurs protestations de fidélité et de dévouement sans bornes, afin de mieux capter sa bienveillance et lui arracher plus facilement des complaisances favorables à leur ambition.

Savez-vous qu'il faut être doué d'une grande perspicacité, d'une sagesse infinie et d'un haut jugement, pour ne pas tomber dans ces piéges si habilement tendus. Aussi l'Ecriture l'a proclamé : *Un roi sage est la force de son peuple.* (Sap., VI, 26.) Et : *Bienheureuse la terre dont le roi est noble.* (Eccl., x, 17.)

XVII

Absurdes raisonnements de la libre pensée

N'allez pas croire que les rois seuls tombent sous les coups de cette haine implacable. Tous les chefs d'Etats, présidents de Républiques,

directeurs du pouvoir exécutif, grands sultans
même, peu importe le nom, seront soumis à ce
crible injurieux, dès lors qu'ils manifesteront
des tendances religieuses et feront respecter la
loi de Dieu. S'ils persécutent l'Eglise, le pape,
les évêques, les prêtres et les ordres monasti-
ques, oh! les louanges de la part de ces mauvais
catholiques ne tarissent pas. Voilà, s'écrie-t-on,
des défenseurs de la liberté arrêtant les envahis-
sements toujours croissant de la religion ; voilà
d'excellents gouverneurs.

C'est à ne pas y croire, et cependant c'est
ainsi. De quelles moqueuses ironies n'a-t-on
pas accablé dans les journaux et dans les cercles,
sur les places publiques et au foyer domestique,
le président et les députés de la République de
l'Equateur, parce qu'ils ont pitié de la triste
situation de Pie IX, *le père de la chrétienté*, comme ils l'ont appelé, et qu'ils ont voté, d'un commun accord, de lui envoyer la dizième partie
des revenus de l'Etat, tant qu'il serait prison-
nier et dépossédé de son royaume temporel?

Deux hommes, pour un prétexte frivole, se
battent en duel; l'un d'eux est frappé à mort.
Son meurtrier est condamné simplement à deux
ou trois ans de prison ; entendez les clameurs
qui s'élèvent de tous côtés contre les méchants
magistrats auteurs de cette condamnation, si

légère pourtant. C'est indigne, c'est abominable ! s'écrie-t-on ; désormais on ne pourra plus venger son honneur attaqué, sans courir le risque d'être injustement châtié, si l'habileté ou le sort vous donne raison contre votre adversaire.

Si vous leur dites que le duel est un crime, ils vous riront au nez, et vous traiteront de rétrograde.

Ces épithètes de rétrograde et de clérical sont devenues les leviers habituels dont la libre pensée se sert pour soulever les passions haineuses contre des hommes honorables et inoffensifs.

Quelle est donc cette nouvelle souveraine au sceptre si dur et au commandement si impérieux ?

La libre pensée, ainsi que l'indique son nom, est une pensée vagabonde, indépendante de tout sentiment opposé au sien, aussi volage que le papillon, libre comme l'air, courant çà et là ainsi que le cheval indompté, brisant, abattant, détruisant, foulant et meurtrissant sur son passage tout ce qu'elle touche, avec une fureur délirante. Elle a tout droit, toute liberté, toute raison, tout jugement, toute sagesse, toute domination. Au besoin elle ne sera plus pensée, si elle s'avise que de penser soit esclavage. Elle se changerait en un bloc de granit, plutôt que de se soumettre à quoi que ce soit et à qui que ce soit. Et cependant elle rampe servilement devant le mot d'ordre d'un chef de parti, qui la mène en véritable tyran.

Un libre penseur, ce me semble, pour jouir réellement de cette qualité, devrait être exempt de toute pression morale, ne jamais souserire à aucun désir étranger, n'accepter aucun usage, répudier tous les conseils, s'affranchir de toute géne, briser même avec les coutumes de la simple politesse, parler un langage spécial, se vêtir d'une mode personnelle. Car enfin, sans cette vie que j'appellerai de plein exercice particulier, on est toujours asservi de quelque façon.

A ce compte-là, il n'y aurait plus ni foyer domestique, ni société, ni Etat. Le monde serait une véritable Thébaïde d'anachorètes répandus çà et là, ne communiquant jamais entre eux, se nourrissant selon leur goût, s'habillant à leur guise, habitant des cahutes isolées, se détestant mutuellement.

Conçoit-on, sans rire, un spectacle aussi comique ?

XVIII

Contradictions des libres penseurs

Ces libres penseurs font fi des derniers sacrements et veulent être enfouis comme des chiens. Leurs devanciers, il y a quatre-vingts ans à peu près, refusaient les secours spirituels à l'heure de leur mort, et réclamaient l'assistance des prêtres à leur convoi funèbre. Au moins il leur fallait les honneurs de la sépulture catholique, qu'on s'obstinait à ne pas leur donner, en vertu des prescriptions canoniques. Leur entêtement parut de la folie à l'Assemblée nationale, au sein de laquelle la voix tonnante du fameux Mirabeau fit entendre des raisonnements pleins de justesse et de bon sens, contre cette illogique prétention.

Aujourd'hui, la tactique de l'irréligion est changée : arrière les honneurs religieux des bénédictions dernières. C'est plus rationnel [1].

(1) Nous lisons dans le *Journal de Bordeaux* du 11 janvier 1877 :

« Un enterrement civil a eu lieu lundi après midi. Le citoyen Rançonnet, demeurant rue Lagrange, 20, a rendu sa belle âme au Grand-Maître de l'univers. Trente personnes,

Ce sont, sans doute, des étrangers à notre
patrie, des échappés des îles lointaines de
l'océan, des habitants de l'Inde sauvage égarés
sur le sol civilisé de la France qui propagent
ces doctrines pitoyables, et les mettent en
œuvre ?

Hélas ! non, ce sont des catholiques, des
Français qui se vantent d'appartenir à la première nation du monde, et qui forcent leurs
fils et leurs filles à se confesser, à communier,

dont dix dames, suivaient le convoi du citoyen Rançonnet.

« Le citoyen Delmas (tous citoyens, parbleu !), le fameux
coiffeur de la place Picard, gardien volontaire du baliveau
qui pose pour l'arbre de la Liberté, a prononcé au cimetière
un petit discours dont voici le texte :

« Messieurs, Mesdames.

« Nous nous sommes réunis pour envoyer à sa dernière
« demeure un de nos braves amis, qui a toujours vécu en
« bon et honnête voisin. Il a toujours été fidèle à sa patrie !
« Oui, messieurs et mesdames, M. Rançonnet est mort en
« brave homme : c'est pourquoi, messieurs et mesdames, je
« vous prie de vous joindre à moi pour dire un *Pater* et un
« *Ave* pour le repos de son âme. »

« Et aussitôt le citoyen Delmas a entonné à haute voix,
accompagné d'une dame, le *Notre Père*, etc.; *Je vous salue,
Marie*, etc.

« Que dites-vous, lecteurs, de ce mélange de cérémonies
civiles et d'hymnes religieux ?

« Le citoyen Delmas, qui préside les enterrements civils,
salue avec les hymnes sacrés l'âme de son ami qui monte au
ciel !

« Décidément, ce serait à croire que les radicaux sont plus
bêtes que méchants. Malheureusement, ils sont l'un et l'autre. »

à recevoir la confirmation, et à se marier à l'église. Ils se croiraient déshonorés, si leurs enfants, après avoir reçu le baptême, auquel ils assistent eux-mêmes, n'étaient point admis à la participation des autres sacrements.

Il y a quelques années, je montais en wagon à Paris, avec un Monsieur à la tournure fort respectable, dont la physionomie ridée et les cheveux grisonnants accusaient l'âge de cinquante-cinq à soixante ans. Un retard de quelques minutes dans le départ fixé par le bulletin réglementaire lui fit pousser ce cri :

— Ce chemin de fer est toujours en défaut ; n'êtes-vous pas de mon avis, Monsieur l'abbé?

Ce fut le prologue d'une conversation qui dura jusqu'à Valence, où mon interlocuteur descendit le lendemain dans la matinée.

Dès le début, ce brave homme m'apprit qu'il était absent de chez lui depuis huit jours, et qu'il lui tardait beaucoup de retourner au milieu des siens.

— Je viens, continua-t-il avec une certaine fierté, je viens de placer mon fils au célèbre établissement de la *rue des Postes*, dirigé par les RR. PP. Jésuites. Il était depuis huit ans au lycée de..., où il n'a rien pu apprendre, sinon à me faire endiabler pendant les vacances, par sa mauvaise conduite. Nous le destinions au barreau, et il aurait dû commencer l'étude du droit cette année-ci ; mais le voilà fruit sec : il a échoué à son examen de bachelier ès-lettres. Préparé par les Jésuites, il réussira, j'espère ; et, de plus, on le corrigera de ses instincts pervers ; car, voyez-vous, Monsieur l'abbé, ces Jésuites sont des maîtres habiles. On a beau dire, la soutane inspire plus de respect ; et, vous autres, avec la religion, vous savez vous faire obéir.

J'applaudissais naturellement à ces véridiques affirmations, tout en félicitant mon compagnon de route de ses bons sentiments.

— Ah ! fit-il, vous me prenez pour un bigot ? Détrompez-vous, Monsieur l'abbé, je hais le bigotisme. Le bigotisme est ma bête noire. Si je le pouvais, je l'anéantirais sur toute la surface du globe ; c'est l'ennemi mortel du progrès et de la liberté.

— Mais, Monsieur, lui dis-je, qu'entendez-vous donc par bigotisme ? Si vous parlez des excès ridicules d'une religion outrée, je suis de votre opinion.

— Je parle de ces obligations absurdes d'aller à la messe le dimanche, de se confesser et de communier à Pâques, de ne pas manger de la viande le vendredi, le samedi et à certains autres jours, et de cent autres injonctions du même genre. On va jusqu'à nous menacer du feu de l'enfer.

— Vous êtes catholique, Monsieur ?

— Certainement, Monsieur l'abbé, je suis catholique ; mais je ne crois pas à *toutes ces frivolités*.

Cette dernière expression me fit rire un moment.

— Eh bien ! répliquai-je, si vous ne croyez pas à ce que vous nommez des *frivolités*, vous n'êtes pas catholique.

— Pardon, pardon, je suis catholique.

— Croyez-vous en Jésus-Christ Notre-Seigneur, descendu des cieux pour nous racheter et nous sauver ?

— Oui, Monsieur l'abbé.

— Si vous croyez en Jésus-Christ, vous devez croire en sa parole souveraine.

— Mais qui l'a entendu parler ?

— Ses apôtres, les peuples de la Judée.

— Oh ! Monsieur l'abbé, qui nous a dit que ces gens-là n'ont pas menti ? Et puis, vous avez beau vouloir me convertir, vous n'y parviendrez jamais.

A ces mots, assez significatifs, je ne répondis pas ; prenant mon bréviaire, je fis un grand signe de croix et je récitai l'itinéraire des prêtres, afin d'attirer sur mon compagnon de voyage et sur moi la protection du Seigneur.

A la première station, notre homme, sous je ne sais quel prétexte, descendit et alla s'installer dans un autre compartiment.

C'est là la façon d'agir d'un grand nombre de catholiques.

XIX

Influence du mauvais exemple sur les enfants

Ces enfants, placés ainsi à la source de la vie religieuse et morale, pourront-ils, en sortant de ces établissements, conserver les principes sévères déposés dans leur âme ? Auront-ils le courage, sinon par la parole, au moins par une conduite irréprochable, de blâmer les irréligieuses excentricités de leurs parents, et de leur infliger par là des démonstrations muettes, mais significatives ? Pourront-ils longtemps résister à la funeste influence des mauvais exemples, et ne pas faiblir sous l'empire des moqueries et des allusions accablantes? Hélas ! c'est ici le cas de rappeler la sentence divine : *Beaucoup d'appelés, mais peu d'élus*. (Matth., xxii, 14.) En ce sens que de tous ces jeunes gens et de toutes ces jeunes filles si chrétiennement élevés, un très petit nombre osent déployer, avec fermeté, l'étendard de l'indépendance dans les œuvres de la foi et de la piété.

Notre société moderne ressemble à cette foule passionnée des amphithéâtres romains, vouant à la dent des panthères et des léopards les *méprisables adorateurs du Christ*, ces chrétiens fidèles dont le monde n'était pas digne.

XX

Mariage

De là, concluez quelle peut être la question du mariage pour ces jeunes gens destinés à former une nouvelle génération. Comment cette question si grave, si importante et si épineuse sera-t-elle envisagée par les parents et par les enfants ? N'en doutons pas, le sentiment de la vertu n'y aura aucune part. Je parle toujours de la majorité, et de la majorité de toutes les classes sociales.

Peu d'unions se contractent sans que les calculs de la fortune ne soient en jeu. L'aristocratie, la bourgeoisie et le peuple sont mûs, à ce sujet, par les mêmes aspirations et les mêmes préoccupations. Le premier préliminaire de tout projet matrimonial consiste à connaître la situation financière de chaque parti. Avant tout, dit-on, il faut vivre. On unit une fortune à une fortune.

Ce n'était pas le même procédé autrefois, lorsque la religion présidait à tout.

Quand un jeune homme sentait son cœur battre d'une affection sérieuse pour une jeune fille de sa condition, après s'être convaincu que ses sentiments étaient partagés, il en instruisait ses parents. Si ceux-ci accédaient à son désir, leur enquête se portait d'abord sur l'honorabilité de la famille dont leur fils avait la pensée de devenir membre. La religion, se demandaient-ils, y est-elle révérée et pratiquement observée ?

Notre chère enfant, disaient à leur tour les parents interrogés de la jeune fille, notre chère enfant trouvera-t-elle chez son mari le gage du vrai bonheur, l'exercice des devoirs religieux ? Pourra-t-elle s'appuyer sur ses opinions ouvertement catholiques ? N'avons-nous pas à craindre qu'elle soit non seulement contrariée dans ses goûts de piété, mais contrainte à les abandonner, pour se livrer forcément aux plaisirs mondains, qu'elle abhore ?

Et lorsque, de part et d'autre, la confiance s'était formée pleine et entière sur cette base inébranlable de la prospérité et de la sécurité domestique, alors s'engageaient les pourparlers au sujet des dôts. Mais c'était sans exigences trop vives : quelques mille francs de plus ou de moins ne rompaient pas l'affaire entamée.

XXI

Les domestiques

On se plaint de tous côtés de ne plus rencontrer chez les serviteurs et les domestiques ce dévouement respectueux et inébranlable qui captivait le cœur du maître. De là naissait et se perpétuait une mutuelle sympathie dont la mort seule rompait le charme. Que dis-je ? Même après la séparation inévitable, les survivants, maîtres ou subordonnés, ne cessaient pas d'offrir au Seigneur des prières et des œuvres pies pour le repos éternel de ceux dont ils rappelaient avec complaisance les louables actions.

Ah ! c'est qu'autrefois la religion inspirait aux serviteurs des sentiments d'amour et de respect inconnus de nos jours à ceux que le Seigneur a placés sous la dépendance des autres. Ils ne se regardaient pas comme des esclaves ; mais ils savaient, tout en conservant leur dignité

-d'hommes libres, se soumettre humblement aux exigences de leur condition inférieure. La personne des maîtres leur était sacrée. Les vieillards comme les plus petits enfants de la famille leur apparaissaient revêtus d'une auréole de supériorité devant laquelle ils s'inclinaient avec le plus profond respect. Un signe devenait un ordre ; le moindre geste les faisait courir ; grande était leur désolation lorsque, par mégarde ou par inintelligence, ils n'accomplissaient pas exactement leur volonté.

Mais, il faut le dire aussi, les maîtres avaient pour leurs serviteurs une bienveillance patriarcale. Bien qu'il y eut une distance entre eux, néanmoins ils s'étudiaient à la faire disparaître dans les plus petites choses. Leur commandement n'affectait pas cette rudesse altière qui blesse toujours, mais au contraire se revêtait d'une exquise et douce politesse dont on est presque flatté.

Puis, le matin et le soir, tous confondus dans un même élan de piété, ils récitaient ensemble la prière, à laquelle présidait la maîtresse de la maison.

Quand les années accumulées avaient anéanti les forces du vieux serviteur, on le gardait avec amour, lui prodiguant jusqu'à la mort les soins les plus attentifs ; ou bien, s'il préférait terminer ses jours au sein de sa famille, une pension suffisante lui était généreusement servie.

Aujourd'hui, maîtres et serviteurs vivent dans une perpétuelle méfiance vis-à-vis les uns des autres. Ceux-là sont fort exigeants, tandis que ceux-ci accomplissent tout juste leurs obligations selon les gages fixés. N'allez pas leur demander un acte quelconque en dehors du service ordinaire, vous ne l'obtiendriez jamais, non pas parce que le temps leur manque, mais uniquement à cause de leur mauvais vouloir. Et si vous revenez souvent à la charge, immédiatement ils vous mettront carte en mains et vous quitteront avec une indifférence glaciale.

D'autre part, à la moindre négligence, à la plus minime infraction à leurs ordres, au plus léger mouvement d'excuse ou de résistance, les maîtres ouvrent brusquement la porte à leurs serviteurs, et les congédient impitoyablement.

Ainsi, fautes des deux côtés, double rapprochement à opérer. D'ici, un intérêt paternel et bienveillant, s'exerçant et se développant avec d'autant plus de liberté qu'il découle en tout et toujours d'une incontestable autorité ; de là, une discipline bien entendue, un dévouement respectueux, la soumission rendue facile et agréable, une obéissance devenue aisée.

CHAPITRE II

LA SOCIÉTÉ

I

Mépris des citoyens les uns pour les autres

Notre société actuelle, divisée dans ses membres par les opinions politiques, ressemble à un véritable champ de bataille où volent de toutes parts les traits les plus acérés. Tous Français par la naissance et par le cœur, nous nous regardons cependant comme des ennemis mortels. Sans crainte de nous blesser et de nous avilir, nous nous jetons mutuellement à la face les injures flétrissantes, les insultes grossières dont, après tout, la noirceur retombe sur la société toute entière à laquelle nous appartenons. C'est aussi une provocation violente et perpé-

tuelle à la guerre civile entre les citoyens d'un
même pays. Chacun pourrait s'écrier, avec le
prophète Isaïe : *Si vous me poussez à la colère,
mon épée vous dévorera.* (Is., i, 20.)

Mêlez-vous aux groupes divers que vous rencontrez sur votre passage, et écoutez. Ici ce
sont des royalistes. Que disent-ils de ce partisan
convaincu, mais honnête, de la république?
C'est un brigand. Là ce sont des républicains,
dont la vue d'un légitimiste soulève la bile.
Voilà, s'exclament-ils, un de ces coquins qui
voudraient nous ramener à l'affreux ancien régime. Le bonapartiste et l'orléaniste ne sont pas
plus charitables, n'épargnant pas non plus les
épithètes les plus offensantes à l'égard de leurs
antagonistes. Cependant orléanistes, bonapar-
listes, républicains et royalistes sont tous Français et catholiques, au moins en grande majorité. Pourquoi ces exagérations de langage,
pourquoi ces accusations mensongères? Certainement chaque parti a de graves reproches à
s'adresser. En un moment de triomphe chèrement acheté, des représailles ont été exercées
avec une cruelle fureur. Ces représailles se sont
renouvelées malheureusement dans l'ivresse et
le délire. Ne parlons pas des sanglantes satur-
nales de la Révolution et de la Commune, ac-
complies non par des êtres raisonnables, mais

par des bêtes féroces. Qui ne les exècre et ne les
condamne avec un frémissement d'horreur ?
Quel est l'homme probe et loyal dont le cœur ne
se soulève à la pensée des assassinats et des
meurtres commis, froidement et par vengeance,
par les exaltés de son opinion ?

Tout ce qui sort des limites de l'honnêteté est
souverainement blâmable et répréhensible.

Il n'en est pas ainsi des diverses idées politiques. Au fond, elles sont toutes acceptables et
bonnes. La preuve, c'est qu'il y a sur les cinq
parties du globe des gouvernements autocrati-
ques, monarchiques, constitutionnels et démo-
cratiques, dont les peuples se trouvent bien. Le
grand malheur, c'est qu'on ne veuille pas reconnaître que telle forme gouvernementale convient
mieux à telle contrée plutôt qu'à une autre, soit
à cause de la nature de ses habitants, soit parce
que depuis des siècles sa perpétuité en a consacré
la sagesse successivement développée, selon les
exigences des temps, par des améliorations re-
connues indispensables.

La question, je le sais, est fort épineuse, et je
ne me sens pas le courage de la traiter. Du
reste, elle n'entre nullement dans le cadre que
je me suis tracé.

Ce que je veux démontrer, c'est le manque
absolu de respect des citoyens entre eux, c'est

cette fatale manie de se démolir mutuellement et de miner ainsi, pièce à pièce, l'édifice social, que l'on devrait être fier de soutenir dans toutes ses splendeurs séculaires.

Ah! il en serait autrement si le précepte du grand libérateur des peuples, Notre-Seigneur Jésus-Christ, *aimez-vous les uns les autres*, était généralement observé.

Que m'importe l'opinion politique de l'individu, pourvu qu'il soit soumis aux lois divines et les pratique? J'ai de l'estime pour lui, n'en aura-t-il pas pour moi? Dès lors s'établira cette fraternité universelle qui conspire au bien public et provoque l'expansion des plus nobles vertus.

Mais, non, on ne sait rien oublier et rien pardonner.

Quoi d'étonnant, puisque la religion n'a plus d'empire sur les cœurs et sur les esprits! Elle seule les fusionne, en corrigeant leurs défauts, et en les dépouillant de leurs rudes aspérités. « Otez le culte de Dieu, disait le grand orateur romain, et la foi et la justice disparaissant, la société n'est plus possible. » *Pietate adversus Deos sublata, fides etiam, societas humani generis, et excellentissima virtus, justitia tollitur.* (Cicéron, *de Pietate*, XXIV.)

II

Inégalité des rangs et des fortunes

Les récriminations blessantes de parti à parti descendent naturellement aux individualités.On se jalouse d'homme à homme avec non moins de colère et d'acrimonie. C'est à qui regardera son voisin d'un œil plus dédaigneux ou plus envieux. Faisant abstraction du savoir, de l'intelligence et des droits acquis par de longs et importants services, à part de rares exceptions produites par le favoritisme, ou s'évertuera à prouver qu'un tel ne mérite pas le rang qu'il occupe ; qu'il le doit à l'intrigue, à la ruse et à la plate courtisannerie. Comprend-on une pareille anomalie? A-t-il la capacité nécessaire pour gérer cette charge? L'emploi qu'il régit n'est-il pas au-dessus de ses forces intellectuelles ? Quand donc en viendra-t-on à mettre toutes les places au concours ou bien à les faire passer par le vote électif?

Certainement il y a du vrai dans ces deux dernières aspirations ; si le concours avait lieu publiquement, devant un jury composé et nommé par les membres de l'administration qui a un

emploi vacant à donner ; et si, à la majorité des·
voix, on le décernait au candidat le plus honnête dont le savoir l'emporterait sur celui des·
autres concurrents, on éviterait bien des récriminations légitimes. Nous devons le reconnaître.

Cependant, en attendant cette amélioration,
faut-il insulter à ceux qui occupent un rang
quelconque, ou bien qui jouissent depuis longtemps d'une charge publique dont ils s'acquit-
tent à merveille ? N'y aurait-il pas sous ces pré-
tendues idées réformatrices un grain de jalousie
mal dissimulée ? Ah ! je crois bien que si le
rayon de la justice religieuse mettait à découvert
les sentiments intimes, nous ne tarderions pas à
en être convaincus.

. Ainsi en serait-il, certainement, pour les
absurdes criailleries des déshérités de la fortune
contre ceux qui ont été favorisés de ses bienfaits. Soit que les richesses me soient arrivées
par des héritages, ou bien que je les aie acquises
par mon industrieux travail, ne m'appartien-
nent-elles pas sans contestation ? Je plains le·
malheureux qui n'a pas eu les mêmes chances,
et je cherche à lui faire partager mon bien-être
en lui donnant à gagner son pain, ou au besoin·
en le secourant par d'abondantes aumônes. En·
vrai chrétien, j'abandonne mon superflu, en

sustentant les indigents, en assistant les veuves et les orphelins, en aidant enfin toutes les œuvres pies qui me sont connues.

Pourquoi envie-t-on mon sort? Si j'étais à la place de mes envieux, la religion, ce me semble, me soutiendrait dans mon humble position. Elle me ferait comprendre que la société ne peut se composer d'hommes également heureux, également riches; et que s'il en était autrement, bientôt, tous étant égaux, on finirait par manquer des choses les plus nécessaires. Qui tisserait la laine pour fournir à nos vêtements? Qui cultiverait la terre pour la rendre productive en blé, en vin, en huile, en fruits, en légumes? Qui construirait les habitations? Où trouverait-on des meuniers, des boulangers, des bergers, des cuisiniers, des tailleurs d'habits, des chapeliers, etc., etc. ?

Et si chacun vivait dans une oisiveté perpétuelle, bientôt le monde disparaîtrait; ses habitants, frappés par la misère et dénués de tout, succomberaient successivement sous les ravages de la plus affreuse consomption.

Du reste, un calcul exact a été fait sur la répartition de la propriété foncière, mobilière et pécuniaire entre tous les Français, et il a eu pour résultat d'attribuer à chaque individu la rente annuelle de dix francs. Beau moyen d'existence que cette somme infime ! Certains n'en auraient pas pour une heure. Y songe-t-on ?

Eh ! comment contribuer aux charges publiques avec cette fortune particulière si mesquine ? Sans doute, nous n'aurions plus d'armée, plus de gendarmerie, plus de police. La poste, faute de revenus, cesserait son mouvement indispensable ; et les chemins de fer resteraient inactifs. Dès lors que tout commerce serait anéanti, il n'y aurait plus de transactions de banque et de négoce. A quoi bon une marine marchande ? Qui voudrait exposer sa vie sur les ondes de l'océan, et se procurer le plaisir d'y mourir de faim ; car les vaisseaux n'auraient plus de chargements ? Probablement on s'en partagerait le bois et les agrès.

Comprend-on cette cessation irrévocable et universelle du travail matériel ? Comprend-on aussi les suites funestes de l'apathie intellectuelle ? Qui voudrait se casser la tête à des productions scientifiques ou littéraires ? Quand même un génie ardent y consacrerait ses veilles, trouverait-il un imprimeur pour éditer ses élucubrations ? Hélas ! non, puisque personne ne travaillerait plus. Mais la famine devenant générale, la mort moissonnerait inévitablement toute la nation française ; et ce serait la fin de ces rudes complications que je signale.

Notez que cette fin si misérable s'accomplirait au milieu d'un déluge de maux, et à la sinistre explosion des blasphèmes et des imprécations de tout genre.

Tel n'est pas le sort lamentable d'une société régie par les principes civilisateurs et consolants du respect mutuel, dont la charité fraternelle est la source féconde. Voyez : là règne la véritable égalité basée sur l'esprit chrétien. Depuis le chef de l'Etat jusqu'au dernier de ses représentants, tous savent s'abaisser, avec une bonté touchante, vers ceux dont ils doivent sauvegarder les intérêts, patronner les efforts pour l'industrie, le commerce et les arts, et surveiller la conduite. Les rangs sont confondus par l'aménité des uns et par la soumission des autres. Point d'aigreur dans les âmes, point de jalousie dans les cœurs. On peut s'écrier : *Cor unum et anima una.*

Là encore la fortune dans les mains de ceux qui la possèdent n'est qu'un moyen d'exercer la charité et de soutenir les pauvres en leur fournissant du travail. L'argent, ce nerf des affaires, s'épanche, sans usure, des coffres-forts qui en abondent, sur les mille industriels dont la vie active s'use à des labeurs incessants. Les artisans de tous les métiers, même les plus vulgaires, ont aussi assuré leur pain de chaque jour. La terre, cette mère nourrice des hommes, livrée à des bras vigoureux, bien rétribués, rend libéralement les sommes confiées à sa fécondité surexcitée par une intelligente culture. Heureux est le laboureur, lorsqu'il peut approfondir des sillons avec une charrue nouvelle, traînée par des bœufs ou des mulets dont on lui a avancé le prix ; car il sait que la récolte prochaine lui permettra de liquider ses dettes, en lui laissant encore un gain satisfaisant. Et il bénira, avec reconnaissance, les cœurs généreux qui l'auront aidé à sustenter sa famille. Mon Dieu ! s'écriera-t-il, dans un ardent transport d'actions de grâces, rendez-leur au centuple le bien dont ils m'ont comblé. Faites couler sur eux vos bénédictions célestes, en leur accordant vos dons les plus parfaits.

III

Mépris des saines doctrines

Quand je parle des saines doctrines, j'entends essentiellement les doctrines catholiques, dont toutes les autres ne sont que le corollaire naturel. *Ne vous laissez pas entraîner par des doctrines variées et étrangères*, s'écrie l'apôtre saint Paul, dans son épître aux Hébreux. (XIII., 9.)

Or, de nos jours, que n'a-t-on pas affirmé à l'encontre des enseignements divins ? S'il fallait énumérer les innombrables propositions subversives de la parole sainte, et essayer de les réfuter l'une après l'autre, l'astre du jour se lèverait mille fois avant que nous eussions pu en entamer seulement la préface. Chaque matin et chaque soir les échos des feuilles publiques nous répètent des choses absurdes en si grande quantité, que tous les sages de l'univers ne trouveraient pas le temps de les combattre. C'est une véritable inondation à laquelle on chercherait en vain à barrer le passage ; le lendemain elle est aussi fougueuse et aussi violente.

Dites à ces lecteurs infatigables des journaux et des brochures à cinquante centimes, qu'ils avalent tranquillement un poison délétère pour leur intelligence et leur cœur, en se saturant de contradictions, d'erreurs et de sottises ; ils vous jetteront un regard méprisant, hausseront les épaules en signe de dérision, et s'ils l'osent ils vous traiteront d'arriérés de dix siècles.

Développez une thèse sérieuse sur le sujet le plus innocent, mettez-y tout votre talent d'écrivain et toute votre sagesse de penseur, on la traitera d'ennuyeuse élucubration.

Souvent je me suis demandé d'où venait le succès d'un mauvais livre ou le cours d'une parole méchante, tandis qu'une production grave ou un mot excellent mouraient presque en venant à la vie. En réfléchissant un moment, la solution de cet étrange problème n'a pas tardé à m'apparaître. L'esprit français, perverti aujourd'hui, repousse malheureusement tout ce qui se montre avec le cachet de la vertu, de la probité, du bon sens, de la raison et de la vérité ; mais il saisit avec une avidité fiévreuse tout ce qui apparaît sous les traits de la résistance, de la révolte et de l'absurdité.

Il y a quelques années, des hommes respectables et intelligents conçurent, à Marseille, le louable dessein de créer un journal quotidien à cinq centimes le numéro, pour insinuer plus facilement au peuple les enseignements moraux d'une politique franchement libérale. Quel nom donnerons-nous à notre feuille ? se demandèrent-ils. Appelons-la *le Citoyen*. En effet, *le Citoyen* parut, et dans les premiers jours de son apparition, une foule de gobe-mouches, trompés par ce titre révolutionnaire, l'achetèrent précipitamment. Mais à peine en eurent-ils humé les pures émanations, qu'ils le déchirèrent avec une stupide brutalité. Le titre les avait alléchés.

Pourquoi ne pas admettre ce qui est vrai, raisonnable, judicieux, sensé, juste et bon, de quelque part qu'il vienne? Le diable en personne n'a-t-il pas souvent proclamé la vérité, s'écrie Bossuet dans son troisième discours sur les démons, en révélant par exemple les défauts cachés de certains personnages qui les avouaient humblement? Fallait-il ne pas le croire, parce que c'était le père du mensonge qui l'affirmait?

Or, les saines doctrines débordant de la grande fontaine de vie, du sein de l'être divin, et se distribuant avec abondance et clarté sur les créatures mortelles, celles-ci devraient s'estimer heureuses d'être ainsi gratifiées de ce bienfait suprême, quel que soit le canal qui le leur transmet.

Vous nous ennuyez, vous répond-on en souriant dédaigneusement, lorsqu'on ose développer une question tant soit peu sérieuse. Que dis-je, développer une question? L'énoncé seul d'un axiôme incontestable comme celui-ci : *Ne faites pas à autrui ce que vous ne voudriez pas qu'on vous fît à vous-même,* suffit pour soulever l'irritation. Pardonnez donc à votre ennemi, répéterez-vous avec une suppliante douceur à quelqu'un qui se croit bafoué et qui médite une vengeance. Non, non, répart-il, il faut que je me venge, et je me vengerai par tous les moyens possibles.

Insistez, et cherchez à calmer cette âme froissée, en lui rappelant l'exemple de Jésus-Christ, des saints, des sages, des païens même les plus célèbres par leurs actions vertueuses ; votre insistance ne trouve plus d'écho.

IV

Fureur des pauvres contre les riches

Les pauvres sans religion nourrissent au fond de leur cœur une haine implacable contre les heureux mortels que la fortune a comblés de ses dons, soit par héritage, soit par des labeurs intelligents et persévérants. Sur leur physionomie maussade se peignent le mépris et la menace. La vue de l'aisance et du bien-être provoque chez eux un sourd mécontentement dont ils ont peine à cacher l'expression extérieure. Volontiers ils s'écrient avec l'orgueilleux Diogène : O gens fortunés, ôtez-vous de notre soleil, laissez-nous vivre de vos rentes et prenez notre place !

Ce sont là les recrues du pétrolage enrégimenté, les futurs triomphateurs de la Com-

mune sanglante, les héros anthropophages de
93. N'y a-t-il pas de quoi trembler ?

Voyez, au contraire, les infortunés déshérités
des biens de ce monde que les sentiments religieux animent, comme ils sont tranquilles, laborieux et pleins de respect pour ceux qui leur
fournissent et du travail et du pain. Ils savent
puiser dans la pensée féconde de la Foi un élément fortifiant contre les fatigues, les soucis et
les embarras de leur position inférieure. Sans
ambition, comme sans envie, ils vivent paisiblement de leur labeur quotidien, sollicitant du
Grand-Maître de la vie la continuation des forces physiques suffisantes pour se sustenter et
fournir aux besoins matériels de leur famille.

A leur famille, à laquelle ils donnent l'exemple d'un travail incessant, ils savent aussi inspirer une soumission docile à la volonté divine,
développant ce thème si consolant de la répartition des biens terrestres, qui entretient l'exercice permanent des vertus les plus sublimes entre ceux qui les possèdent et ceux qui en sont
privés.

C'est un admirable commerce de services ré-
ciproques dont les charmes dissimulent les
peines et tempèrent les humiliations.

Les uns sont heureux d'user de leurs revenus
ou d'activer leur industrie, en rémunérant les

fatigues et les soins qui les développent. Les autres livrent leurs forces et leur intelligence avec un entrain inaltérable.

Tous se prémunissent contre les transactions fatales de la jalousie ou du mépris, par un redoublement d'actions de grâces à la Providence, toujours attentive à combler les déficits désastreux dont une partie de la société est menacée, en ouvrant sur l'autre des trésors innombrables qui suffisent à tous les besoins, si ceux qui en sont les dispensateurs naturels, mûs par les impulsions religieuses, les distribuent avec une judicieuse générosité.

Alors les répulsions s'effacent, les hauteurs s'applanissent, les volontés se font plus droites et les distances de position ne se mesurent plus que par une estime mutuelle.

Les faiseurs de plans pour l'amélioration des classes inférieures ont beau se creuser l'esprit, et chercher des combinaisons favorables, basées sur la philosophie humaine ; vainement consumeront-ils leurs veilles à des programmes savants, jamais ils ne parviendront à une solution satisfaisante.

Toutes leurs longues thèses sur les moyens infaillibles de détruire le paupérisme se perdront dans le vide, comme ces bulles de savon lancées en l'air par l'enfant qui s'amuse.

Les pauvres et les riches se moqueront de leurs conseils.

Il en sera autrement, si le sentiment religieux les inspire et illumine leurs intentions bienveillantes. Alors ils deviendront de vrais conducteurs du peuple, qui les bénira. Car ce malheureux peuple ne demande pas mieux que d'être éclairé dans ses intérêts particuliers. Peut-il désirer son abaissement physique et moral? Assurément non.

Mais il se glorifiera surtout d'entendre une parole douce et encourageante lui affirmant ses droits de s'asseoir au banquet de la vie sociale, qui n'existe pas sans lui, car après tout il est la majorité; et lui décernant des éloges bien mérités sur ses convictions religieuses.

Je vous annonce une grande joie, disait l'ange du Seigneur aux humbles pâtres de Bethléem. Aujourd'hui vous est né un Sauveur; son nom est Emmanuel, c'est-à-dire *Dieu avec vous*. Et le messager céleste, avec une foule d'esprits purs comme lui, chantaient : *Gloire, au plus haut des cieux, au Tout-Puissant, et paix sur la terre aux hommes de bonne volonté.*

Ces bergers vigilants et ces hommes de bon vouloir étaient la personnification du peuple convié, en tout temps et en tout lieu, à célébrer sa réhabilitation, dans la personne de son Rédempteur Jésus, pauvre lui aussi, fils d'une vierge pauvre et d'un père pauvre, qui devait à son travail quotidien les ressources indispensables à sa petite famille.

Quand un peuple se prosterne attendri aux pieds de cette crèche rustique, et vient y recevoir les enseignements de l'Enfant divin, son roi et son modèle, avec une docile soumission mêlée d'une profonde reconnaissance, il n'y a plus à désespérer de sa vitalité. Au lieu de s'étioler et de se perdre, il augmente ses facultés, qui s'épanouissent en des progrès merveilleux de sciences, d'arts et d'industries.

V

Irritation des ignorants contre les savants

Les ignorants sont d'autant plus irrités contre les savants qu'ils s'éloignent davantage de la lumière de la vérité et se plongent dans la ténébreuse atmosphère de l'irréligion. Leur intelligence, obscurcie par les sombres vapeurs de l'impiété, les rend encore plus méfiants. Ils sont constamment sur le qui-vive, s'imaginant follement qu'on veut les tromper par des propositions mystifiantes. Les sciences, dont ils ne saisissent pas les corrélations sublimes et le principe supérieur, sont pour eux comme des fantômes batailleurs qui les harcèlent et les troublent.

Allez au loin avec vos expériences et vos procédés, vos doctrines et vos affirmations; nous n'acceptons que ce que nous comprenons. Ils disent comme le disciple mécréant : Si nous ne voyons pas, nous ne croyons rien; et si du doigt il nous est impossible de toucher ce que vous avancez, nous le repoussons.

Cependant, ô ignorants attardés, jouissez-vous des faveurs de la civilisation ; goûtez-vous les avantages d'une législation intelligente ; profitez-vous agréablement des progrès de la physique et de la chimie appliqués aux arts, en franchissant l'espace plus rapidement, entraînés par la vapeur, et en conversant jusqu'à l'autre extrémité de la terre par un fil électrique? Vos vêtements ne sont-ils pas mieux tissés ; vos terres ne sont-elles pas plus fécondes ?

Combien de produits se perdaient autrefois, jetés comme inutiles, qui, aujourd'hui, enrichissent les classes inférieures de la société?

Vous le savez bien, ô ignorants !

Eh ! oui, ils le savent, puisqu'ils en usent, tout en blasphémant contre ceux qui dotent leur époque d'inventions, de perfectionnements et d'améliorations de toute espèce. Mais leur mauvaise foi s'obstinant *à ne pas reconnaître en toutes ces merveilles la main divine qui les a produites* (Is., xli, 20), ils continuent à lancer les flèches de leur dérisoire insanité contre le soleil de la science, dont les rayons resplendissants offusquent leurs yeux éblouis.

Bien plus, ils accusent la science de les priver de leur travaux, de leurs salaires, de les réduire enfin à la misère, en créant des moteurs accélérés qui remplacent la main de l'homme ou l'aident à parachever son œuvre plus promptement et plus délicatement.

Qui blâmera l'industriel Richard le Noir d'avoir propagé en France sa méthode si élémentaire de blanchir et de filer le coton?

Est-ce que le modeste ouvrier de Lyon Jacquard, qui inventa les métiers mécaniques pour le tissage, en donnant la supériorité à nos manufactures, enleva le pain à ses concitoyens, qui l'honorent comme un bienfaiteur insigne?

Elias Howe, ce profond penseur mécanicien, dont les machines admirables répandues dans tout l'univers ont provoqué une extension si prodigieuse pour les travaux d'aiguille les plus délicats, a-t-il engendré la misère au sein des populations ouvrières?

Je pourrais citer cent autres inventions non moins remarquables et aussi avantageuses, repoussées d'abord comme contraires aux intérêts populaires, et qui peu à peu ont centuplé les ressources des humbles artisans, pleins de reconnaissance envers ceux qui les initient ainsi aux bienfaits de la science.

Mais, reconnaissons-le, ce sont les artisans religieux qui les premiers laissent éclater leurs transports de gratitude et d'allégresse, à l'apparition d'un perfectionnement moral ou matériel, à l'annonce d'une découverte quelconque faite dans le domaine de leur activité intellectuelle et physique.

Pourquoi le peuple américain en particulier domine les autres peuples du monde par ses progrès incessants? Eh! c'est qu'il est souverainement attaché aux pratiques de la religion. Allez le dimanche dans les temples des divers cultes qui se partagent les groupes de cette immense nation, à New-York, par exemple, vous serez ravi de la nombreuse assistance d'hommes et de femmes, tous également recueillis et attentifs aux cérémonies et à la prédication.

N'avons-nous pas été surpris, pendant la cruelle guerre de 1870, de voir nos vainqueurs, luthériens ou calvinistes, portant chacun dans leur giberne, leur livre de prières?

Ah ! malheureux peuple français, quand donc te relèveras-tu de l'abjection humiliante où t'ont précipité l'athéisme et l'impiété? Tu te vantais autrefois de marcher à la tête des nations civilisées, quand reprendras-tu le premier rang?

Je ne sais pourquoi l'instruction obligatoire a soulevé des cris de répulsion au sein des masses populaires, qui, pourtant, prétendent être laissées dans les ténèbres de l'ignorance. Combien d'enfants qui courent dans nos rues, déguenillés, livrés à toutes les insolences de la gaminerie, insultant les passants, provoquant des rixes, se maltraitant eux-mêmes, par des coups et des jeux funestes, et qui, rentrant au foyer domestique désolé par la lèpre de la misère morale et temporelle, y apportent la confusion, et deviennent plus tard le fléau de la société française, à cause de leur ignorance grossière.

Mais, objecteront leurs parents malheureux, comment envoyer nos enfants à l'école gratuite? Nous n'avons pas les moyens de solder les fournitures de bureau, les cahiers, les plumes, les livres.

L'objection est juste ; mais n'est-il pas facile de la résoudre, en la posant aux instituteurs eux-mêmes, qui obtiendront de la commune une subvention pécuniaire? Ceci est une question sérieuse qui appelle l'attention des gouvernements et que nous traiterons au chapitre troisième.

Imaginez maintenant quelle est l'irritation de cette génération ignorante, grandissant sous des influences pernicieuses, dénué de tout sentiment religieux.

Le présent est bien triste, mais l'avenir est gros d'orageuses tempêtes sociales.

VI

Dédain des riches pour les malheureux

L'évangéliste saint Luc nous raconte qu'il y avait un homme riche, magnifiquement vêtu de pourpre et de soie, s'asseyant chaque jour à des festins splendides. Et un certain mendiant, appelé Lazare, gisait à sa porte, couvert d'ulcères dégoûtants, qui le suppliait de lui donner les miettes tombant de sa table, pour appaiser sa faim. Le riche ne l'écoutait pas, et ne lui donnait jamais rien. Mais les chiens, plus sensibles que leur maître, venaient lui lécher ses plaies béantes.

Le pauvre mendiant délaissé mourut et fut porté par les anges dans le sein d'Abraham.

L'opulent seigneur trépassa aussi et fut enseveli dans les abîmes de l'enfer. Elevant les yeux, alors que de cruels tourments le torturaient, il vit au loin Abraham et Lazare en son sein.

— Père Abraham, s'exclama-t-il, ayez pitié de moi, envoyez Lazare, afin qu'il trempe l'extrémité de son doigt dans l'eau rafraîchissante et tempère le feu dont ma langue est brûlée, car je souffre terriblement au milieu des flammes qui me dévorent.

Et Abraham lui répondit :

— Mon fils, rappelez-vous que vous avez été comblé de biens pendant votre vie, tandis que Lazare était accablé de maux. Maintenant il nage dans la consolation, et vous êtes torturé. En tout ceci, un immense chaos a été creusé entre nous et vous ; de sorte que personne ne peut traverser d'un rivage à l'autre et que nous devons tous rester où nous nous trouvons.

— O père Abraham ! reprit le riche endolori, je vous en conjure, envoyez au moins Lazare dans la maison de mon père, car j'ai cinq frères encore, afin qu'il les avertisse de ne pas tomber, eux aussi, dans ce lieu de souffrances horribles.

Abraham lui répliqua :

— Ils ont Moïse et les prophètes ; qu'ils en suivent les conseils.

— Non ! non, s'écria le malheureux, Moïse et les prophètes ne leur suffisent pas ; si un mort ressuscité vient les admonester, alors ils feront pénitence.

— Comment ? fit Abraham, ils n'écoutent ni Moïse ni les prophètes, et vous voulez qu'ils entendent les remontrances d'un mort ? (Luc., xvi, 19.)

Quoi de plus frappant et de plus exact que ce lamentable tableau ? De fait, c'est l'histoire de la richesse, ennemie de la pauvreté, lorsque les douces lois de la charité miséricordieuse ne l'excitent pas à la compassion et à la générosité.

Certainement il y a des gens misérables par leur faute. Les uns ont consumé leur avoir dans les jouissances frivoles, les autres en négligeant leurs affaires domestiques. Quelques-uns, trompés par le mirage des spéculations lucratives, se sont lancés sur la route d'un commerce incompris pour tomber dans le précipice de la faillite ou de la banqueroute. Plusieurs ont inconsidérément aventuré des fonds en des jeux de bourse devenus les traquenards perfides des fortunes les plus colossales. A ceux-ci, la *roulette* et le *trente-*

et-quarante, comme des loups rapaces, ont enlevé leurs billets de banque entassés par monceaux. A ceux-là, une autre passion violente et non moins désastreuse a dissipé des propriétés séculaires, et flétri de honte l'honneur de dix générations.

Ces gens-là ne doivent prétendre à aucune pitié.

Mais voyez cette famille désolée, privée de son chef, son unique soutien, en proie à une maladie prolongée et cloué sur un grabat d'hôpital. Que deviendront cette femme et ces enfants, après avoir absorbé quelques modiques épargnes?

Et ce vieil ouvrier arrivé au déclin de l'âge dont la vigueur émoussée ne répond plus à une volonté ferme encore, où trouvera-t-il aide et secours?

Qui recueillera ces orphelins abandonnés, privés dès leur enfance de leurs parents frappés par un trépas précoce?

Dans quelle maison hospitalière cette jeune fille si pure abritera-t-elle son existence exposée à mille dangers, privée qu'elle est de ses protecteurs naturels?

Tel aspire à user de ses bras vigoureux; qui favorisera ses désirs?

Qui facilitera à un génie naissant son essor vers la gloire ou la grandeur?

Le riche, le riche et toujours le riche religieux.

Mais, hélas! la grande majorité des privilégiés de la fortune, ne sachant pas reconnaître la source divine d'où découlent leurs richesses, ont le cœur plus dur que le roc. Tous les malheureux, tous les pauvres sont à leurs yeux des fainéants et des paresseux qui abusent de leur crédulité et que les mines du Pérou ne suffiraient pas à satisfaire.

Qu'il y ait des abus, rien n'est plus vrai ; aussi faut-il s'enquérir de la nécessité réelle. Ensuite rappelons-nous toujours les préceptes du Grand-Maître de la charité : *Que votre main gauche ignore ce que fait votre main droite ; faites le bien avec prudence. Si le pauvre vous trompe, il portera la peine de ses mensonges.*

Livrons-nous un instant à un calcul fort simple. Voilà une ville de vingt mille âmes, ville industrielle et commerciale où des capitaux considérables entretiennent une activité permanente et un bien-être réel au sein d'une population laborieuse. On dirait une ruche dont les habitants nombreux se défient mutuellement par un labeur sans trève.

Mais n'y a-t-il pas là des vieillards infirmes, des malades, des veuves, des orphelins, des impotents ? Oui, il y en a et en grand nombre.

Eh bien ! supposons que de chaque capital engagé dans l'industrie, on détache un faible apport auquel sera ajouté le superflu de la richesse foncière ; vous formerez un avoir important dont l'intérêt suffira à soulager toutes les adversités éventuelles.

Ainsi devrait-on agir partout.

Je connais une petite cité de trois mille cinq cents âmes où, lors de l'emprunt national pour la libération du territoire, deux · millions de francs ont été souscrits. Evidemment ces deux millions dormaient au fond des vieux meubles et ne produisaient pas un centime. Pourquoi ceux qui les possédaient n'en ont-ils pas créé une société de secours à domicile, un hospice, un orphelinat, un fourneau économique ?

Ah ! c'est qu'un argent placé en bonnes œuvres ne leur aurait rien rendu.

Cependant, ô riches ! un jour viendra où vous serez forcés de laisser vos trésors, d'abandonner vos habitations somptueuses, de quitter vos villas et vos jardins, pour aller pourrir sous quatre mètres de terre. Un jour viendra où vous paraîtrez tremblants devant le juste Juge, qui vous dira d'une voix courroucée : Dans la personne des pauvres j'avais faim, et vous ne m'avez pas donné à manger ; j'avais soif, et vous ne m'avez pas donné à boire ; j'étais sans

et vous ne m'avez pas recueilli ; j'étai nu,
)us ne m'avez pas couvert ; j'étais in-
», et vous ne m'avez pas visité ; j'étais en
)n, et vous n'êtes pas venu me voir. Reti-
'ous, je ne vous reconnais pas. (Math., xxv,

est-ce pas un vrai bonheur pour le riche, de
iger ses ressources avec celui qui en est
urvu ? Humainement parlant, n'y a-t-il pas
l'exercice de la charité un charme enchan-
?
·ant la grande catastrophe de quatre-vingt-
», la France était semée d'œuvres charita·
qui répondaient à toutes les nécessités de la
re. Qui les avait créées et avantageusement
»s ? Les riches, stimulés par l'esprit reli-
x.
» nos jours, on s'extasie devant les sociétés
iaint-Vincent-de-Paul, les associations de
irs mutuels, les bureaux de bienfaisance.
st-ce que cela à côté des innombrables créa-
» aumônieuses qui atteignaient toutes les
:tunes et en adoucissaient les douleurs ?
i reste, nous l'avons déjà écrit, et nous le
·ons encore, la philanthropie ne sera jamais
ne pâle copie de la religion.

VII

Création d'hospices pour les vieux ouvriers

La société française devrait prendre la généreuse initiative de créer des hospices pour les vieux ouvriers. Chaque ville, chaque village une fois pourvus d'un pareil établissement, la paix ne serait plus troublée, nous dormirions tranquilles, et la richesse privée et publique, désormais à l'abri de toute secousse politique, s'accroîtrait en des proportions inouïes.

Bien insensé serait celui qui croirait à la somme connue obstensiblement de l'argent mis en circulation ou placé sur hypothèque et livré à l'industrie. Combien de milliards gisent sans fruit et sans produit en des cachettes inconnues ? Combien de milliards enfouis clandestinement sont perdus pour toujours.

Ah ! les riches religieux thésaurisent autrement : ils se créent des amis reconnaissants et fidèles avec le *Mammom de l'iniquité*, des amis qui leur ouvriront les portes des tabernacles éternels.

Mais, s'écrieront ces heureux mortels, faudra-t-il nous priver de nos revenus et les verser dans les mains de nos voisins malheureux ? Non pas, ce n'est point là ce que je prétends.

— Quelles sont vos rentes ?

— Cent mille francs.

— Donnez-en dix mille.

— Et vous ?

— J'en ai cinquante mille.

— Donnez-en cinq mille.

Ainsi, allant de l'un à l'autre, je finirais par récolter un total assez rond.

Est-ce que dans une ville de plusieurs mille habitants, on n'en trouverait pas vingt et même plus qui pourraient fournir, sinon en une année, au moins en dix ans, une somme indispensable à la fondation et à l'entretien d'un hospice ?

Bien plus, l'ouvrier économe qui aurait amassé un petit pécule, insuffisant néanmoins à lui fournir les moyens de se faire servir, viendrait demander à y être reçu comme pensionnaire, en léguant son avoir, qui augmenterait ainsi les recettes de la maison hospitalière. Chaque année les riches du pays continuant à verser leur superflu, ces recettes accrues permettraient de créer d'autres œuvres de bienfaisance, des chauffoirs, des orphelinats, des monts-de-piété agricoles fournissant, comme autrefois, au cultivateur peu aisé, le grain nécessaire pour ensemencer sa terre, avec la simple obligation de rendre ce qui lui a été prêté en nature ou en argent, à la récolte prochaine.

Mais, dira-t-on, c'est là une utopie imaginaire. Comment, dans un village où il y a à peine de quoi vivre, trouvera-t-on des rentes flottantes pour établir un abri charitable? Ce sera impossible.

J'en conviens; mais, en ce cas, le chef-lieu d'arrondissement ou de canton suppléeront à cette impossibilité matérielle, en agréant les villageois sans ressources.

Que d'argent dépensé aveuglément en frivolités profiterait bien mieux, s'il était recueilli pour sustenter ceux qui souffrent. En hiver, à Paris, à Lyon, à Marseille, à Bordeaux, dans toutes les villes du royaume, des bals, des représentations théâtrales, des concerts, des cavalcades sont organisés en faveur des indigents. Quoi de plus louable ?

Mais ce que l'on ne calcule pas, ce sont les frais d'organisation de ces fêtes extraordinaires, absorbant souvent les trois quarts des collectes abondantes.

Comptez-vous pour rien ce que gagnent les ouvriers tapissiers, peintres, décorateurs employés à ce sujet? Hélas! pour vingt personnes qui travaillent, il y en a mille qui pâtissent.

Ensuite, que revient-il à chaque famille pauvre dans la répartition des fonds ramassés? Quelques francs et quelques centimes, qui ne suffisent pas aux besoins d'une journée.

Du reste, il faut bien l'avouer, les ouvriers eux-mêmes ne savent pas agir autrement. Ils dépensent en vingt-quatre heures ce qu'ils ont péniblement gagné en une semaine. Est-ce que le jour de leur fête patronale, à quelque corps de métier qu'ils appartiennent, ils n'organisent pas des banquets splendides et des danses délirantes, pour lesquels s'anéantissent des économies ou mieux se dissipe le gain d'un travail de plusieurs mois ?

Eh ! leur défendrez-vous de se réjouir ensemble au moins une fois l'an?

Non, certes, d'autant que c'est l'Eglise elle-même qui a donné à chaque corporation d'état un saint patron spécial, et qui a établi ces réjouissances honnêtes entre les membres d'une association ; mais, ce qui n'est pas tolérable, c'est l'insouciante imprévoyance de l'avenir, c'est le facile éparpillement de fonds amassés avec peine, c'est le défaut d'ordre et d'économie.

Le 31 décembre 1847, à quatre heures du soir, j'étais à Rome, dans la belle église du Gesù, magnifiquement ornée et brillamment illuminée, au milieu d'une foule compacte, venue là

pour assister au *Te Deum* solennel que le souverain-pontife y chante chaque année pour remercier le Ciel des grâces répandues pendant
les douze mois écoulés. Le sacré-collége, les
prélats de la chambre apostolique, les premiers
magistrats, le sénateur de la ville éternelle, la
garde noble entouraient Pie IX qui, d'une voix
vibrante, entonna l'hymne de la reconnaissance,
que poursuivirent les chantres pontificaux, dans
cette mélodieuse harmonie du contre-point,
dont ils ont seuls le secret. C'était un spectacle
féerique.

Tout à coup, j'entends à côté de moi pousser
ce cri en provençal : *Oh! qu'aco's beou!* (Oh! que
cela est beau !) Cette langue maternelle me fit
tressaillir et je me retournai vivement pour regarder celui qui l'avait parlée avec tant d'enthousiasme.

C'était un petit vieillard, à la tête chauve et à
la physionomie souriante, d'une correction par-
faite.

— Oui, cela est beau, lui répondis-je dans le
dialecte arlésien.

— Mais d'où êtes-vous? me demanda-t-il, en
m'entendant parler comme lui.

— D'Arles.

— D'Arles! et moi aussi j'ai vu le jour dans
la Rome des Gaules.

On peut facilement juger du plaisir que nous éprouvâmes tous deux, après la cérémonie, de faire plus ample connaissance, et de fraterniser en bons compatriotes. Ce pieux vieillard me raconta ainsi son histoire :

« Bien jeune encore, à douze ans, me dit-il, j'eus le malheur de perdre mon père et ma mère, et je fus recueilli par un oncle, cardeur de laine, qui m'apprit son métier. A part mes vêtements, je ne dépensais pas une obole ; le logement et la nourriture m'étaient donnés gratuitement. Les cafés n'étaient pas encore inventés. Pour toute distraction, le dimanche nous jouions aux boules avec quelques camarades, sur les remparts de notre vieille cité. A vingt et un an je tirai au sort, et je fus favorisé d'un bon numéro qui m'exempta du service militaire.

« N'ayant aucun goût pour le mariage, je suis resté libre de ma personne et de mes épargnes. Avec mon seul gain de chaque jour, j'ai réalisé un capital de trente mille francs, dont le revenu me permet de mener une existence fort agréable. Je me fais même des économies, depuis quatre ans que j'ai cessé de travailler. J'atteindrai la soixantaine dans un mois. »

Malheureusement une fluxion de poitrine le coucha dans la tombe trois semaines après notre rencontre si fortuite. Je l'assistai à ses derniers moments, qui furent ceux d'un homme résigné à la sainte volonté de Dieu.

Ses trente mille francs passèrent à sa sœur, qui, à sa mort, devait les verser à différentes œuvres pies.

Un garçon sans embarras de famille, pas trop visité par les maladies, laborieux et sobre, parviendra facilement à s'économiser une rente viagère pour ses vieux jours.

Il n'en est pas ainsi d'un ouvrier père de famille, qu'un entourage nombreux contraint à des dépenses indispensables.

Pour parer aux conséquences désastreuses de cette situation sociale, fondons des hospices, créons des associations charitables ; agissons enfin, selon les préceptes évangéliques, comme de vrais frères qui s'aiment sincèrement et s'appliquent à se partager entre eux les bienfaits que le Ciel leur a départis.

VIII

Soumission aux lois sociales

La société, comme la nature, a des lois particulières, intrinsèques et indélébiles, auxquelles personne n'a le droit de déroger sans faillir gravement à ses devoirs de citoyens.

C'est une grande faute de mépriser les différentes sujétions acceptées tacitement, ou établies par les membres du corps social, de siècle en siècle.

Les règles morales ne supportent aucun changement.

Seulement les mœurs se façonnent et deviennent plus polies d'âge en âge.

Deux hommes se rencontrent dans un lieu solitaire; ils ne se connaissent pas, mais l'isolement où ils se trouvent engendre en eux un sentiment de mutuel et sympathique respect. Ils sentent qu'ils ont besoin de se soutenir contre une agression imprévue, et spontanément ils se découvrent pour se saluer. Ce salut leur paraît une sauvegarde; il est aussi un témoignage d'estime réciproque, quoique tacite.

D'où vient donc qu'en pleine rue, sur nos places publiques, si le premier magistrat de la cité ou quelque autre personnage haut placé apparaît, tous les passants s'inclinent révérencieusement?

Malheur à celui qui manquerait à cet usage traditionnel de la simple bienséance; on le traiterait, avec raison, de mal élevé et d'impoli.

Pourquoi, dans une salle d'attente, céde-t-on

le pas à un employé supérieur de l'armée revêtu
de son uniforme et qui se présente pour prendre
son billet de voyage au guichet de la gare ?

Dans un salon aristocratique se trouve réunie
une société d'esprits supérieurs. Le sujet de la
conversation est aussi sérieux qu'intéressant.
Les saillies les plus spirituelles se croisent en
un feu roulant ; les bons mots se succèdent
comme des étincelles électriques qui surexcitent
et animent les interlocuteurs. Ne craignez-vous
pas que la conversation dégénère, en tombant
dans la trivialité vulgaire ? Non, elle se main-
tiendra haute et grave, sans jamais descendre
à la bassesse, parce qu'elle se tient en présence
de plusieurs femmes distinguées par leurs talents ou par leur position sociale.

Un enfant s'est glissé dans un cercle où la
réputation d'autrui était déchirée à belles dents ;
son apparition soudaine fait taire subitement
la calomnie et la médisance avivées par un
entrain provocateur. Taisons-nous, impose la
voix d'un assistant, qui rappelle l'adage poéti-
tique : « Aux enfants est due une très grande
révérence. » (*Maxima debetur reverentia pueris.*)

Même parmi le peuple, vous découvrirez des
habitudes de respect innées se perpétuant par
tradition dans les hameaux les plus reculés de
la France, mais là où la religion commande

encore aux esprits, en les conservant purs de tout contact malsain.

C'est qu'il y a des lois sociales dont l'humanité ne sait pas peut-être expliquer l'origine, mais auxquelles de tout temps on a obéi spontanément : lois de respect, lois d'amitié, lois d'ordre, lois de charité, lois de justice, et qui ont pour base fondamentale la ferme croyance en un Dieu *auteur et inspirateur suprême de tout, dans le ciel et sur la terre* (S. Paul., Col., ɪ, 16), car il l'a proclamé lui-même dans le huitième livre des Proverbes, verset quinzième : *Par moi, les rois règnent et les législateurs publient des lois justes.*

Que devient une société foulant dédaigneusement aux pieds les lois sociales ? Hélas ! elle n'est plus qu'un repaire de brigands audacieux s'entretuant mutuellement avec une passion sanguinaire. La France en a fait la triste expérience.

Mais admettons moins d'audace et de méchanceté, à quelle dégradation ne descend pas une société livrée à la fureur de ses sens ? Les sens ont toujours paralysé chez l'homme les plus vives comme les plus honorables tendances. Ils opèrent sur nos idées et nos sentiments des captations révoltantes. Qui n'a pas à compter avec leur entraînante effervescence ?

Cependant nous Français et chrétiens, soutenus par la puissance de cette double et noble appellation, éclairés des rayons lumineux de la religion et de l'amour de la patrie, nous pouvons impérieusement arrêter le déchaînement insolent de *cet autre nous-même qui nous persécute.* (S. Paul., ad Rom.) La vivacité d'une lutte acharnée nous arrachera quelquefois le cri d'angoisse poussé par le grand apôtre harrassé et non déconcerté : *Ah ! qui me délivrera de ce corps de mort ?* (Rom., VII, 24.)

C'est vrai, mais nous revenons au combat avec ardeur ou plutôt on ne nous verra jamais abandonner le champ de bataille avec une entière lâcheté, et malgré tout nous demeurerons fidèles observateur des lois sociales.

Or, quelle résistance assez ferme opposeront des hommes dépourvus de leur énergie morale, livrés aux aberrations monstrueuses de leur esprit ténébreux, parce qu'ils en ont chassé Dieu ? Dans la période païenne, tout se formulait par les sens et se matérialisait. Pas une vertu qui ne fût immobilisée sous le simulacre factice d'une déesse de bois ou de pierre, tandis que le vice avait des temples, disons mieux des lupanars immondes où les sens s'usaient librement et au grand jour, aux jouissances éphémères d'une débauche effrénée. Le plus ou moins d'expansion sensuelle constituait le bonheur ou le malheur de notre existence passagère.

Entendez les étonnantes appréciations de cette société vouée aux uniques désirs de satisfactions matérielles, et remplie de dédain pour les lois du bon sens et de la raison : *Bref et ennuyeux est le temps de notre existence. L'homme après la mort n'a plus rien à attendre et personne n'est revenu des enfers. Parce que nous sommes nés de rien, nous serons alors comme si nous n'avions jamais été. Notre respiration est de la fumée, et notre parole une étincelle pour remuer notre cœur. Une fois éteint, notre corps se réduit en cendres ; l'esprit se dissipera comme un air substil ; notre vie disparaîtra comme la trace d'un nuage et s'évanouira semblable au brouillard chassé par les rayons du soleil qui l'écrase sous le poids de la chaleur. Notre nom s'oubliera avec le temps et personne ne conservera le souvenir de ses œuvres. Venez donc, jouissons des biens présents, et moquons-nous de ceux qui prétendraient nous imposer des règles.* (Sap., ii.)

Voyez-vous le navire emporté par les vents violents déferler avec une affreuse rapidité sur les vagues de l'océan furibond ? Sa coque soulevée plonge et replonge dans les insondables abîmes. Quelle main assez forte oserait l'aborder pour le maintenir tranquille ?

Toute aussi difficile est la transformation de la société matérialisée, en dehors des prescriptions sociales maintenues par le lien religieux.

IX

La grande régénération de la société

Notre siècle, aspirant à toutes les gloires, s'est efforcé de conquérir la palme si enviée de la régénération sociale par la régénération individuelle. Que de théories savamment décrites ont agité les fibres de l'opinion sur ce sujet important ! Le rigoureux réalisme, cultivant avec un sang-froid désespérant les idéales abstractions, a semblé supplanter un moment les diverses doctrines énoncées. A l'entendre, ce farouche contempteur de toute proposition qui repose sur une expérience avérée, la force des idées opérera le prodige. C'est pourquoi l'instruction publique a été décrétée d'office gardienne et maîtresse de la régénération universelle.

Sans doute un peuple instruit discerne plus sûrement l'erreur de la vérité. Méditant avec un certain goût, sur les tendances morales, il envisage mieux leurs égarements ou leurs caprices. Il les combattra même lorsqu'elles s'ingéreront en des conjurations périlleuses. Une idée abstraite peut parcourir le monde, mais le bouleverser, jamais. Elle réclame, en s'écriant comme le grand Archimède : *Donnez-moi un point d'appui, et je soulèverai la terre.*

Ce point d'appui nécessaire, l'idée régénératrice l'a trouvé sur le sol ensanglanté du Calvaire. Recueillant avec empressement les gouttes sacrées du sang de Jésus-Christ, elle s'est dit : C'est donc avec du sang que se pétrit le ciment indestructible sur lequel je m'établirai solidement pour lancer mes anathèmes aux rêveuses conceptions des régénérateurs de l'humanité !

C'est pourquoi intellectuellement, moralement et physiquement, la souffrance se met à l'œuvre, en fournissant à la société française le moyen efficace de se régénérer.

On a vu des esprits altiers franchir avec une hardiesse qui donne le vertige les bornes ordinaires des sciences profanes. Combinant adroitement leurs ressources prodigieuses, ils dérobaient aux arcanes célestes des secrets stupéfiants. Ils se jouaient orgueilleusement des difficultés les plus inabordables. Quelquefois les éléments eux-mêmes semblaient composer avec eux pour fléchir à leur capricieuse volonté. Quel enthousiasme n'allumaient-ils pas, quels transports d'admiration ne soulevaient-ils pas en tous lieux ? Leurs noms, environnés déjà de l'auréole de l'immortalité, volaient d'un pôle à l'autre sur les ailes de la Renommée triomphante.

Gloire à ce savant philosophe, s'écriait-on, qui, laissant en arrière et bien loin les écoles les plus vantées, a comblé d'immenses lacunes dans la science de la sagesse.

Gloire à cet astronome intrépide, dont l'œil clairvoyant et exercé a découvert des horizons nouveaux, suivi la marche d'un astre inconnu et précipité l'astronomie vers une voie plus large et moins incertaine.

Gloire à cet économiste soucieux de nos moyens d'existence, toujours importuné par la crainte d'une famine dévorante, protectionniste ou partisan du libre-échange, qui a étouffé dans les arguments de sa haute prévoyance le monstrueux fantôme d'un avenir menaçant.

Gloire enfin à ce génie poétique dont la lyre enchanteresse a, par des modulations suaves, ranimé le patriotisme affaibli d'une nation vouée au froid mercantilisme qui glace.

Et cependant la poésie, l'économie domestique, l'astronomie et la philosophie se sont en vain mutuellement armées du sceptre de la royauté intellectuelle, morale et physique. Le travail réparateur de la régénération sociale languissait tristement. Pas tant de bruit et plus de concentration de toutes les forces personnelles, a crié la souffrance de 1870. *La doctrine d'un homme se manifeste par sa patience.* (Prov., xix, 2.)

Interrogeons-le donc cet amateur passionné de la régénération, et tâchons de l'éclairer sur ses explorations jusqu'ici inefficaces. *Interrogemus eum et probemus patientiam illius.* (Sap., ii, 19.)

Tu désires vivement, ô Français avide, développer en ton esprit l'irradiation de la science souveraine ; commence d'abord par déposer ce diadème d'orgueil dont tu as environné ton front audacieux. Cette première action louable accomplie sous l'influence des sentiments religieux dissipera sur-le-champ les vapeurs meurtrières de la vaine ostentation. Dégagés des funestes préoccupations d'une gloire éphémère, tes labeurs intellectuels s'épanouiront radieux et exempts de grossières erreurs. Tel traîne dans la boue ses pensées désordonnées, qui les rendrait sublimes s'il les émancipait de la frénétique ambition dont il subit le joug.

D'où vient qu'à travers cet océan de publicité qui nous inonde journellement, des livres innombrables se poussant tumultueusement comme des flots agités, quelques-uns seuls parviendront au rivage de l'avenir ?

Ah ! c'est que la croix, symbole de la foi, n'a pas creusé son sillon fertile dans les intelligences qui les ont élaborés.

Entendez l'exclamation ardente du saint homme Job, si cruellement éprouvé par le malheur. *Seigneur*, s'écriait-il, *buvez mon esprit*. Comprenez-vous ce désir enflammé ? Eh ! oui, je le comprends : il voulait, cet illustre patient, que son esprit borné, souvent obscurci, mêlé à l'esprit divin qui le transformerait, lui revînt pur, large et régénéré, comme l'eau stagnante absorbée par la chaleur d'un soleil brûlant se condense dans les hauteurs du ciel, pour retomber ensuite sur la terre en pluie vivifiante.

Etonné des éminentes conceptions de son ami saint Thomas d'Aquin, saint Bonaventure lui demanda dans quel livre il les puisait. Elevant la main vers le crucifix : voilà mon grand répertoire, lui répondit l'Ange de l'école.

Plut à Dieu que tous nos écrivains intelligents pussent, dans un même élan spontané, faire la même réponse.

Observez bien que la régénération de l'esprit par l'acceptation de l'épreuve se répercute avec profit sur le cœur comme sur le corps. La force morale et la santé physique y trouvent un immense avantage.

Quels nobles sentiments moraux ne nourrit

pas un cœur retrempé dans l'énergie de la souffrance ! C'est *ce cœur affermi dans les voies de la
sagesse*, si justement exalté par l'écrivain sacré.
(Eccl., xxn, 19.) Qu'est-ce que la morale, avons-
nous déjà demandé, sinon la règle souveraine
des mœurs et des actions humaines ? Libre et
intelligent, l'homme doit atteindre une fin digne
de lui. Cette fin, il ne l'atteindra jamais, ni à
l'aide de la raison fragile si souvent ébranlée au
choc impétueux des passions, ni par le secours
de cet instinct naturel d'admiration pour la
vertu et d'horreur pour le vice, facilement
anéanti sous l'amas des crimes accumulés, ni
enfin par la crainte révérentielle des lois toujours éludées par la ruse, bravées par la puissance, et dont la multiplicité infinie chez un
peuple dénonce une plus grande corruption.

La doctrine seule enseignée par le Verbe incarné deviendra le levier formidable de nos
actes intérieurs et extérieurs. Oh! qu'elle est
ravissante la génération des crucifiés en Jésus-
Christ! Ils sont doux, ils sont humbles, ils sont
charitables, ils sont patients et surtout ils sont
chastes.

Cette dernière qualité, reflet éclatant de la
beauté d'une âme purifiée par l'amour de la
souffrance généreusement accepté, perpétue
dans l'organisme physique une incontestable

vitalité. Souffrait-il *Celui qui n'avait pas même une pierre pour reposer sa tête ?* (Math., VIII 20.) Et pourtant, *il était le plus beau des enfants des hommes.*

Voyez-les ces austères chrétiens de quatre-vingts ans et au-delà, ces hommes du peuple, laborieux et pauvres, vivant depuis leur enfance du pain amer de la souffrance, assujettis à des labeurs pénibles, couchant durement, comme ils sont encore vigoureux et agiles. Ah ! *leurs forces se sont conservées verdoyantes, semblables à l'herbe des champs.* (Is., LXVI, 14.) La carie dévorante du vice rongeur a été arrêtée par l'huile salutaire de la soumission à la volonté divine, s'infiltrant jusqu'à la moelle de leurs os.

« En l'année 1217, saint Dominique vivant à Rome, écrit l'illustre Lacordaire, visitait chaque soir, au coucher du soleil, les *recluses*, c'est-à-dire des femmes qui s'étaient enfermées dans des trous de murailles, pour n'en sortir jamais. Il y en avait çà et là par la ville, aux flancs déserts du mont Palatin, au fond des vieilles tours de guerre, aux arches rompues des acqueducs, sentinelles de l'éternité placées sur des ruines. Une de ces recluses, dont la poitrine était mangée des vers, avait sa loge dans une tour voisine de la porte de Saint-Jean-de-Latran. Dominique la confessait et lui apportait de temps en temps la sainte Eucharistie. Une fois, il lui demanda de voir un des vers qui la tourmentait et qu'elle gardait avec amour dans son sein, comme des hôtes envoyés par la Providence. Bona, c'était son nom, consentit au désir de Dominique. Mais le ver se changea en une pierre précieuse dans la main du thaumaturge, et la poitrine de Bona se trouva pure comme celle d'un enfant [1]. »

Ah ! nous écrierons-nous avec un poète au cœur patriotique,

Puisque nos tristes jours sombrent en décadence,
  Qu'il a fallu baisser le front ;
Puisque les vents du Nord, déchirant l'espérance,
  Ont livré la France à l'affront ;
Dans les vertus du Christ reforgeons les épées ;
  Et quand la France nous criera :
« A moi de mes enfants les âmes retrempées ! »
  Hardis et forts, soyons tous là ! [2]

Répétons donc avec le Sage : *La vie est la santé du cœur.* (Prov., III, 8.)

Sommes-nous devenus plus vigoureux après nos effroyables désolations et nos cuisantes épreuves ?

[1] *Vie de saint Dominique,* pag. 307-308.
[2] *La Voix d'en haut,* par Maurice Lanoix, lauréat du Centenaire de Pétrarque.

X

La société éclairée par la religion

Quel est cet éclair lumineux dont la marche rapide a déchiré les sombres nuages qui, en l'obscurcissant, abrutissaient l'intelligence humaine en ses trompeuses illusions? C'est l'éclair sillonnant le Calvaire au moment où le Régénérateur du monde achevait son œuvre de réhabilitation en rendant le dernier soupir. L'immense voile qui dérobait aux regards trop faibles du peuple juif les mystérieuses profondeurs du Saint des saints est fendu dans sa longueur. Désormais, *par la contemplation des choses invisibles apparaît la vérité.* (S. Paul. ad Hebr., xi, 3.)

La réalité, proclame-t-on, n'est pas de ce siècle. Et pourquoi? Parce que tout y est factice, à peu d'exceptions près. La littérature, les sciences et les arts, en dehors de l'atmosphère religieuse, nous ont déjà dépeint le tableau lamentable de la légèreté de l'incertitude et du faux brillant.

Mais ce qu'il y a de plus affligeant, c'est la perturbation incessante des opinions. Tel affirme le matin une proposition morale, politique ou religieuse, qu'il dément le soir.

On pourrait se donner le plaisir de ce complet désarroi de l'esprit français. Ces soubresauts de la conscience en des sens opposés, suivant les circonstances, suivant l'intérêt et presque toujours d'après le succès, qu'est-ce que cela, sinon la négation de la conscience ? Combien faut-il de temps pour que le mal devienne le bien, et l'injuste le juste? Un mois, un jour, une heure. Ce spectacle nous est offert sans cesse, frêle base, si je ne me trompe, pour les libertés futures. L'Europe entière nous a surpris en flagrant délit de reniement, dix fois dans la même semaine, comme s'il n'y avait plus aucune règle morale établie entre les hommes. Je constate ici cette même éclipse de la conscience humaine que tous les observateurs sérieux ont remarquée dans toutes les grandes chutes de la liberté publique.

« L'impossibilité où la société s'est trouvée de discerner le droit, de s'y fixer un instant, de s'en éclairer, a donné la démonstration palpable du vide accompli dans l'âme humaine. Interrogée, elle n'a répondu que par la force et la fatalité. Aucune lumière n'a jailli des esprits. On les a vus se plier à tout, c'est-à-dire s'évanouir ; mais, dans cette nuit de l'esprit, une chose doit réjouir les gens de bien. Ils ont pu voir que l'abaissement de la conscience a entraîné l'abaissement de l'intelligence. Plus l'instinct du droit a diminué, plus aussi s'est perdu l'esprit pratique. Aucune époque n'a eu moins de droiture, et aucune n'a été plus aisément dupe [1]. »

Ecrasant aveu, peinture saisissante de l'abjection humaine engendrée par la perte de la croyance en Dieu, descendu sur la terre pour en devenir le flambeau. Une fois la conscience abattue, plus rien ne reste debout, semblable au conquérant dont la mort sur le champ de bataille est le signal d'une défaite générale.

La vie de l'homme ici-bas n'est-elle pas un combat perpétuel dirigé dans ses difficiles péripéties par la rectitude invincible de la conscience ? Le devoir, ce grand mobile de l'activité humaine, fait entendre son appel ; écoutons-le.

Qui pactise avec l'injustice ; qui renverse les premiers éléments du droit ; qui ose franchir les limites de ses possessions pour envahir celles d'autrui ? A coup sûr ce n'est pas l'adepte fidèle d'une religion basée sur la justice. Sa conscience incorruptible est fermée aux sollicitations d'une richesse mal acquise. Il sait trop bien qu'un jour terrible viendra où le Juge des cons-

---

(1) *Le point de vue de l'Europe sur les événements de l'Allemagne*, par Edgar Quinet. (Voir le journal le *Temps*, 12 janvier 1867.)

-ciences, armé de son sceptre vengeur, atteindra publiquement de son regard scrutateur jusqu'*à la division de l'âme.*

Les disciples d'un Dieu juste ne veulent pas, nouveaux Achab ou nouvelles Jésabel, ravisseurs impitoyables de la vigne de Naboth, devenir la proie des chiens ou la pâture des oiseaux. C'est-à-dire subir les remords intérieurs, vrais animaux rapaces dont ils ont vu les têtes immondes et les griffes acérées à la lueur du divin Soleil de justice.

Et ce sentiment si délicat et si généreux du pardon des injures, ne fait-il pas lui aussi, comme le sentiment du devoir et du droit, la gloire d'une société chrétienne ? Invoquez les raisons les plus énergiques de la convenance, de la loyauté et quelquefois même de l'intérêt, pour le provoquer en une âme blessée. Rarement vous obtiendrez le succès désiré. Tendre la main à un ennemi, vous répondra-t-on, serait une faiblesse, sinon une lâcheté ; à d'autres de s'humilier. Quant à moi, je ne descendrai pas à la bassesse de souhaiter le moindre mal à ceux qui m'en ont causé ; mais aller à leur rencontre, jamais.

Le Français chrétien ne parle pas ainsi. Pour renverser ce cavalier redoutable monté sur un cheval roux qui a reçu la mission désolante de fomenter la discorde parmi les mortels, et qu'on nomme la vengeance, il n'a qu'à lever les yeux vers le Calvaire. (Apoc., vi, 4.) Quelle est la scène attendrissante dont il est le spectateur ému, et qui l'entraînera à pardonner une offense grossière et imméritée ? Des bourreaux barbares aiguisent leur cruauté sur tous les membres de la victime innocente qui se sacrifie pour leur compte. Une multitude non moins désordonnée que féroce, comme toutes les multitudes passionnément excitées, vomit, avec un ensemble révoltant qui glace d'effroi, les blasphèmes les plus infamants et les plus dérisoires contre Celui qu'elle acclamait naguère son libérateur béni. Et lui, dont le sang abreuvait la terre, répond à ces clameurs tumultueuses de la foule et aux tortures des bourreaux par cette suppliante exclamation : *Père éternel et miséricordieux, pardonnez-leur, car ils ne savent ce qu'ils font.* (Luc., xxiii, 34.)

C'en est fait, s'écrie l'adorateur sincère du divin Crucifié, plus de retard au pardon. Vite, mon cœur, incline-toi vers l'indulgence. Sache imiter un si noble exemple et rendre le bien pour le mal. Tu pourras alors affermir dans la société dont tu es membre la paix la plus délicieuse.

XI

Ennoblissement de la société française

Jamais fièvre ardente des croix d'honneur et des distinctions n'a plus surexcité les hommes qu'à notre époque. Les impies, les incrédules, les sceptiques, les déistes, les athées, les incroyants de toute espèce et de conditions diverses, tous adversaires déclarés d'un Dieu crucifié, n'aspirent qu'à porter la croix sur leur poitrine gonflée d'orgueil et pleine de mépris pour ce signe adorable de la rédemption universelle. La Légion-d'Honneur, le Medjidié, le Nicham, l'Aigle de diverses couleurs, le Faucon-Blanc, l'Etoile-Polaire, le Chardon, la Jarretière, le Lion, le Soleil, etc., voire même l'ordre de l'Eléphant de l'Inde ont des prétendants innombrables. A combien de sollicitations importunes et fatigantes ne se livre-t-on pas pour les obtenir ? Les refus humiliants, les démarches pénibles ne peuvent arrêter ce désir véhément. Pour le satisfaire, que de moyens mis en jeu : chimériques inventions de services rendus à la société, exploits prétendus héroïques, actions faussement éclatantes, que sais-je ?

La hardiesse va jusqu'à la vanterie d'avoir dignement rempli, pendant de longues années, des fonctions largement rétribuées. En un mot, on veut, à tout prix, l'ennoblissement par la croix. Eh ! pourquoi ? Parce qu'au fond de toutes les âmes gît cette conviction plus ou moins étouffée, que l'homme est réellement et seulement noble par la vertu de la croix.

L'histoire nous en est garant. Voyez les preux guerriers s'ébranlant en masse de tous les points de l'Europe, pour courir à la délivrance du tombeau de Jésus-Christ. Quel sublime élan, quel enthousiasme indescriptible les précipite par milliers sur la terre étrangère ! Ils abandonnent *avec une opulente abnégation*, comme s'exprime Bossuet, leurs familles et leurs biens, et s'en vont, sacrifiant la vie, lutter contre de cruels mécréants.

Qui leur a suggéré cette ardente émulation ? Ah ! regardez ce signe dont ils ont paré leur cœur, comme d'un joyau précieux, et vous aurez l'intelligence de ce mouvement universel.

Sortez de vos sépulcres séculaires, ô croisés généreux, apprenez-nous le secret de votre vaillance !

Un cri puissant et unanime me répond : nous avons combattu par la croix, et par elle nous avons triomphé. Grâce à la croix, le souvenir

de notre gloire est impérissable, et nos descen-
dants en ont recueilli l'héritage par le blason
armorié dont ils sont justement fiers. Pendant
les lamentables désastres de 1870, la France les
compta au nombre de ses plus intrépides défenseurs [1].

Des épisodes des croisades datent, en effet, la
création des armoiries et l'ennoblissement des
races.

Cet instinct indéfinissable qui remue les sociétés chrétiennes se manifeste même alors que
l'enivrement le plus emporté les subjugue aveuglément. Témoin ce fait extraordinaire arrivé au
saccagement du palais des Tuileries, pendant les
journées de février 1848.

Au milieu du peuple en fureur, brisant les
meubles, lacérant les tableaux, un jeune homme
s'empare d'un crucifix et l'élève en triomphe devant ces fronts naguère menaçants, qui se découvrent et s'inclinent comme si l'image du Fils
de Dieu légitimait par sa présence les efforts
tentés au nom de la liberté.

Quelle noblesse comparable à celle dont se
décore une société prosternée sous les impulsions d'une religion qui requiert de ses adeptes
l'élévation et la grandeur ? Car, qu'est-ce que la
noblesse ?

(1) *Histoire du corps de Cathelineau et de Charrette.*

C'est ce sentiment magnanime qui régit toutes les facultés humaines et les pousse, par la foi, aux vertus les plus sublimes.

Confiant en sa force intime, l'homme noble, dit l'Ecriture sainte, *est comme un lion assuré de sa puissance*. (Prov., XXVIII.) Il se maîtrise lui-même en ses ardeurs inconsidérées, tandis qu'il domine majestueusement et sans passion tout ce qui l'environne. C'est la justice incorruptible tenant fortement le sceptre sur les tendances légitimes dont l'excès fut toujours nuisible, et sur les excitations redoutables qui dégradent dans un abaissement flétrissant.

Le caractère le plus hautain se transforme en une merveilleuse docilité et s'embellit de cette gravité touchante dont on aime à subir la douce fascination.

A la place d'une incessante perturbation dans les idées et dans les jugements, surgit une stabilité raisonnable et droite. Plus de colère et de jalousie, mais le calme et l'équité. Une légère contradiction suffisait pour mettre le feu à ces montagnes d'orgueil. *Tange montes et fulmigabunt*, comme s'écrie le Prophète. L'ennoblissement opéré par la transformation religieuse a bouleversé ces instincts avilissants. Aujourd'hui c'est l'impassibilité inébranlable tant exaltée par la philosophie stoïcienne, qui en avait entrevu l'attrayante beauté, à travers les voiles du paganisme.

Arrière ces mesquines susceptibilités de rang et de fortune. Arrière ces idées méprisables d'envieuse vanité. Dans le royaume très chrétien, tous les sujets sont au même niveau.

Voyez-le cet illustre prince de Salem, Melchisedech, la tête ceinte du double diadème de la royauté et du sacerdoce, descendant des hauteurs de la sainte montagne, les mains chargées du pain et du vin destinés au sacrifice. Oh! commé sa physionomie est imposante!

Saisissante image du chrétien ennobli! Il descend lui aussi du sommet de l'orgueil, revêtu des insignes de sa royauté et de son sacerdoce. Il vient dans la plaine, où vit la société, manifester son pouvoir souverain sur ses passions, et s'immoler pour le salut de la patrie, s'il le faut, au milieu de ses concitoyens ravis de sa grandeur d'âme.

Voilà la vraie noblesse.

Qui ne l'envierait pas, qui n'en convoiterait pas les priviléges et les titres honorifiques, bien supérieurs aux priviléges et aux titres de la noblesse terrestre?

Gédéon, avec trois cents braves, mit en déroute une armée dix fois plus nombreuse, parce que, dit le narrateur biblique, ils avaient été choisis parmi les plus nobles enfants d'Israël.

J'ai vu, dit l'apôtre saint Jean, les cent quarante quatre mille prédestinés pris dans les douze tribus. Ils étaient tous marqués au front du sceau du Dieu vivant, qui est le signe de leur noblesse. Ils chantaient : Gloire, honneur et puissance à l'Agneau sacrifié dont nous avons défendu la cause sacrée. Désormais nous vivrons avec lui dans les siècles des siècles.

Telle est la récompense réservée à tous ceux qui se seront distingués ici-bas, par leur persévérance à conquérir l'auréole de la vertu, qui fait les grands hommes et les grands citoyens.

XII

Droits dans la société

La société française ennoblie, éclairée et régénérée, après avoir accompli ses devoirs en respectant les lois, se dressera dans sa majesté pour invoquer ses droits avec une légitime assurance, sans rien prétendre au-delà de la justice ; car, *summum jus, summa injuria*, disait l'adage romain ; on devient injuste quand on exerce son droit avec trop de rigueur.

Le premier de tous les droits, c'est le droit

naturel, c'est la liberté. Aucun privilége ne rehausse plus la dignité humaine. Aussi, d'un pôle à l'autre, dans tous les siècles et chez tous les peuples, une même aspiration ardente a dévoré les âmes et quelquefois allumé des incendies formidables. Au nom magique de liberté, les opinions les plus indolentes de leur essence ou les plus apathiques par l'effet d'une longue servitude, rejetant le pesanteur lourde de leur engourdissement léthargique, se sont relevées fières et indomptables.

Ah! ne les maudissez pas. Ce réveil imposant était la manifestation solennelle d'un désir légitime, la revendication d'un droit imprescriptible d'une juste indépendance.

Quand on songe qu'à Rome, la capitale tant vantée de la civilisation européenne, les vils esclaves, *ces choses de nulle valeur*, bons à nourrir souvent les lamproies destinées à la table des patriciens et des sénateurs, atteignirent la totalité de la population, le cœur se serre d'une oppression violente. Oui, sur quinze cent mille habitants, vingt mille seulement jouissaient de la liberté.

Cependant des rostres émus de la tribune aux harangues, la voix éloquente de Cicéron ébranlait le monde par de savantes théories *sur le bien précieux de la liberté. (Tuscul., II.)*

Quelques années plus tard, une voix plus entraînante, parce qu'elle vibrait sur la corde sonore de la vérité, retentissait au pied du Vésuve embrasé. Le courageux Spartacus enhardissait trois cents esclaves comme lui à revendiquer leur part de liberté. « Jusques à quand, leur disait-il, serons-nous ignominieusement appelés le rebut de l'humanité? Marchons sur Rome, le centre de la tyrannie ; apprenons à ces orgueilleux citoyens qu'ils ne sont pas les seuls convives de l'indépendance. »

Quarante mille esclaves accoururent avec joie, sous les drapeaux de leur commandant improvisé.

Mais, hélas ! bientôt les aigles romaines triomphantes emportèrent dans leurs serres outrageuses, aux consuls effrayés, cette rassurante parole de Pompée, d'un laconisme diffamant : « Soyez sans crainte, ces misérables esclaves sont rentrés dans la bassesse de leur néant. »

Ce n'est pas auprès du Vésuve vomissant sa lave dévorante, ô humanité captive, que tes vigoureux efforts vers la liberté déchireront tes liens abjects et briseront le joug avilissant sous lequel tu gémis. Ce n'est pas à la lueur blafarde de ce volcan enflammé que tu contempleras le *testament chirographaire* écrit avec le sang de ton libérateur. Oh ! non, l'étendard menaçant de

Spartacus ne te conduira pas à la conquéte de tes droits violés. Là encore tes liberticides oppresseurs triompheraient de ton audacieuse tentative. Mais rassemble tes bataillons conspués, sur les flancs bénis du Golgotha, où coule bouillonnante la lave mystique du volcan inextinguible de l'amour divin. Monte, monte, la bannière flamboyante *de ton vaillant Capitaine* (Bossuet), *qui s'est fait esclave jusqu'à la mort*, recèle dans ses plis glorieux l'énigme de ta délivrance inespérée.

En effet, l'inscription surprenante fixée à l'extrémité supérieure du gibet auquel il a été cloué décide cette convocation générale. Les Hébreux, les Grecs et les Romains peuvent la lire, chacun en leur langue. *Jésus de Nazareth est le roi des Juifs*. Ce roi paternel a détrui pour toujours dans son royaume spirituel les divisions révoltantes de castes. Plus de particularités distinctives, plus d'odieuses séparations qui entretiennent les discordes dissolvantes. L'égalité constante et harmonique y féconde la fraternité la plus sincère. Point de rivalités mesquines. *Les derniers sont les premiers, et les premiers sont les derniers*. (Luc., XIII, 30.) Les rangs sociaux s'y mêlent avec une complaisante effusion. Tout sujet de ce monarque bienfaisant peut, avec plus de raison qu'un citoyen romain, se prévaloir de la grandeur de son titre ; car il est grand, parce qu'il est libre ; libre de cette liberté puissante et insaisissable que les coalitions terrestres les plus redoutables n'infirmeront jamais.

Contemplez cette masse compacte de valeureux martyrs de tout âge, de toute condition, depuis le tendre enfant jusqu'au vieillard cassé par les années, se proclamant libres, en face du glaive étincelant ou de la gueule béante des bêtes féroces. Voyez ces jeunes vierges, timides colombes que la présence du bourreau ne fait point pâlir, comme elles savent user de l'incomparable prérogative de la liberté chrétienne, et se parer des pompeux ornements d'une résistance invincible.

Mais si je parcours le champ invisible du cœur, que de merveilles engendrées au contact de la liberté y excitent mon attention surprise ! C'est là que ses utiles avantages s'y déploient avec une prodigieuse extension. Si le sophisme taquin, voilé sous une forme astucieuse, cherche à tromper ma bonne foi trop simple, un aiguillon acéré m'avertit de ses perfides desseins. Un entraînement insinuant me convie-t-il à des satisfactions réprouvées ; aussitôt le remords me pique de son dard prévenant.

Vous appelez cela la liberté ? Oui, la liberté de faire le bien et non d'accomplir le mal ; car le

cœur vendu au crime est rivé à la servitude la
plus déshonorante.

Quelle langue assez exercée décrira maintenant les distinctions éminentes du cœur humain rendu libre par le sang de Jésus-Christ.

Ah! quand ce cœur combat, Jésus-Christ lui
prête sa force inébranlable. Quand il souffre,
Jésus-Christ l'embaume de ses suaves consolations. Quand, avide de recueillir des fruits de
salut, il aspire comme l'abeille laborieuse à la
découverte de quelque fleur dont le doux suc lui
manque pour la confection du miel savoureux
des vertus, voilà Jésus-Christ qui lui ouvre
gracieusement les corolles parfumées de l'humble violette de l'abaissement, du lis pur de la
chasteté, de la rose vermeille de la charité.

Mais, s'écriera-t-on, c'est du profond mysticisme que vous nous composez là? Oui, mais du
mysticisme pratique et facile à saisir. La société
française ne parviendra à reconquérir la liberté
qu'en renouvelant avec franchise le vieux pacte
qui l'unissait à Jésus-Christ, le suprême libérateur des peuples esclaves avilis. *Quià libertate
Christus nos liberavit.* (S. Paul. Galat., iv, 31.)

Alors nous pourrons revendiquer nos droits
écrasés sous la pression d'une licence effrénée
qui n'est pas la liberté. Voyez-les, ces libéraux
vantards criant toujours à l'esclavage des cou-

ches sociales inférieures, voyez-les parvenus au sommet de l'échelle gouvernementale. Ils sourient de dédaigneuse pitié à leurs anciens partenaires, dont ils étouffent les clameurs par des mesures arbitraires envers et contre tous les droits. Ils inventeront alors la fameuse loi des suspects, dans laquelle, comme dans un cercle de fer, seront brisées les libertés les plus sacrées, en proclamant hypocritement *les droits de l'homme.*

Ah ! il les comprenait et les appréciait ces droits naturels, l'infortuné Louis XVI, ce monarque religieux, protecteur réel de la liberté de ses sujets, lorsqu'il promettait de réaliser les désirs exprimés dans les cahiers rédigés par les représentants de la nation !

Depuis cette époque mémorable, avons-nous fait un pas sur la voie de la liberté réelle ? La société française jouit-elle de ses bienfaits civilisateurs ; est-elle plus apte et plus instruite pour les comprendre ? Non, non, mille fois non.

Comment se pratique le suffrage universel, ce perpétuel et affligeant mensonge ? Les uns votent sans savoir ce qu'ils font, les autres fraudent et un grand nombre s'abstiennent. Ainsi s'exerce un droit social d'où dépendent nos intérêts les plus chers.

Aussi quelles sont les conséquences de ce système aussi absurde que désastreux ? Les voici : chaque jour notre budget se surcharge, nos impôts prennent des proportions effrayantes, notre dette s'accroît, et nous n'avons pas la liberté. Est-ce vrai ?

Dès lors se propage la confusion dans les rangs sociaux. Tel manœuvre ou garçon tailleur sachant à peine lire et écrire couramment s'imagine avoir l'étoffe d'un législateur. Le voilà briguant les honneurs de la députation avec une forfanterie étourdissante. A l'entendre, Licurgue, Solon, Napoléon Ier sont des pygmées qui ne lui vont pas à la cheville. Attendez et vous jugerez de son talent à codifier. Du reste, mêlé à des collègues en hâblerie, il deviendra maître dans le pugilat parlementaire, parlera pour ne rien dire ; et les mains dans les poches, satisfait de ses exploits de vaine loquacité, lui, l'ami du peuple, ne manquera pas, chaque mois, de se présenter à la caisse pour y retirer des honoraires produits par la sueur du peuple.

Un emprunt édifiant au *Moniteur universel* du 18 août 1877 :

« La Chambre des députés compte 532 membres. Chacun d'eux reçoit par mois 750 fr. *d'indemnité*. Les membres de la Chambre dissoute ayant siégé dix-sept mois, chacun d'eux a grevé les fonds publics de 12,750 fr., soit pour les 532 députés une somme de près de *dix millions*. Si l'on y ajoute les frais de buvette, de papier, d'impressions d'innombrables discours à l'*Officiel*, des rapports *sans fin* des commissions, des multiples documents émanant des bureaux ou de l'initiative individuelle des députés, on peut évaluer les frais divers de services intérieurs et de matériel à *vingt millions* au bas mot ce que la Chambre élue le 20 février 1876 a *coûté*.

« Et les *millions* du Sénat ? »

O peuple francais ! quand cesseras-tu de t'aveugler sur le droit au travail? Tu nourris des fainéants sans nombre et qui se moquent de toi, mais qui savent t'amuser par des jongleries étonnantes, comme ces charlatans vêtus de pourpre et de brocard dont le bavardage intarrissable attire l'attention des badauds, qui leur remettent leur argent en échange de quelque drogue surannée.

Mais comment remédier à ces graves inconvénients des droits incompris et mal exercés? Rien de plus facile. Au lieu de bourrer la tête de nos enfants des narrations des Grecs et des Romains, d'assujettir leur esprit à l'insipide récit des batailles d'Alexandre et de Miltiade. de leur faire parcourir le monde ancien reconstitué sur des cartes géographiques plus ou moins exactes, d'exciter leur admiration pour des héros cruels, vindicatifs et orgueilleux, de les passionner par des exemples vicieux et corrupteurs, apprenez-leur ce qui regarde leur patrie, après leur avoir inculqué les principes civilisateurs de la religion.

Prenez l'histoire de France, et successivement, à travers les âges, indiquez-leur les florissantes étapes de la société française brillamment éclairée par la foi et conduite par des monarques vaillants et sages, toujours occupés à la défendre, à la protéger et à la grandir sur le piédestal de l'honneur, de la bravoure, de la science et des arts.

Montrez-leur ces nombreuses et belles provinces conquises à la pointe de l'épée, apportées en dot par des princesses ou offertes en gage de vénération pour sa gloire, comme le Dauphiné, à la condition que l'héritier présomptif s'appellera Dauphin, qui ont formé l'immense périmètre de sa circonscription territoriale.

Frappez leur jeune imagination du souvenir des invincibles héros, Clovis, saint Louis, Pépin le Bref, Charlemagne, Henri IV Louis le Grand, Bayard, Turenne, Crillon, Condé et tant d'autres dont le nom est immortel comme leurs exploits.

Nommez-leur les grands littérateurs, les savants historiens, les orateurs distingués, les artistes éminents qui ont illustré la France.

Apprenez-leur enfin leurs devoirs et leurs droits de citoyens, en fixant dans leur mémoire les éléments d'un code abrégé dont ils sauront plus tard, par leur expérience personnelle, commenter avantageusement les termes et préciser l'application.

Mais que ces diverses études, la dernière surtout, ne soient pas empreintes d'exaltation ou de dénigrement. Point d'esprit de parti-pris, point de haine, point d'erreurs volontaires ; mais la vérité, claire et limpide comme le ruisseau fécondant qui serpente à travers la campagne, y porte la fraîcheur et la couvre de fleurs, de fruits et de verdure.

Malheur à ceux qui, dénaturant toutes choses, attentent à ce droit de la vérité. Quelle tâche et quelle responsabilité pour leur conscience devant la société ainsi outragée dans ses rejetons destinés à la perpétuer.

Oui, le droit d'apprendre le vrai n'a pas moins été dénié et enlevé que les autres droits ; toujours parce qu'on a rejeté la lumière du Verbe éternel venu en ce monde pour illuminer toutes les créatures de sa clarté bienfaisante. Par la même raison, en effet, tous les bénéfices de la liberté, de la coopération sociale, de la participation aux affaires, du maniement des deniers publics, des délibérations législatives, devaient s'effondrer irrévocablement dans l'abîme d'un monopole ravisseur creusé par nos égarements.

Jamais société n'a été plus agitée que la nôtre par une multitude de procès et de litiges. Nos tribunaux et nos cours judiciaires regorgent de procédures volumineuses attestant une permanente conflagration entre les habitants de notre pays. Jadis les juges n'étaient pas cloués à leur siége du matin au soir, pour entendre les récriminations du premier venu, et pour décider un point de droit incontestable et manifeste. Le possessif et le pétitoire ne se livraient pas autant de rudes assauts. C'est une avalanche de disputes interminables évidemment soulevée par l'amour du droit et de la justice, tourmentés en tous sens par l'ouragan de la perturbation sociale.

XIII

Contradiction à cause de la revendication des droits sociaux

Et cependant, comme le remarquait un sage sous le pseudonyme de Solon, dans le numéro du 11 décembre 1876 de l'*Union*, la revendication des droits sociaux implique une contradiction flagrante avec l'état actuel de l'esprit frondeur qui empoisonne l'atmosphère de la France.

« On dit, écrivait cet observateur judicieux, que le sentiment du respect se perd de jour en jour. Ce fait est malheureusement indiscutable, et il ne saurait en être autrement, puisque le principe d'autorité, d'où il dérive, n'a pas cessé de s'affaiblir depuis un siècle. Cette dépravation de l'esprit moderne présente cependant certaines exceptions : parmi les institutions humaines, la magistrature et l'armée ont su conserver intactes les notions, si troublées ailleurs, de l'autorité et du respect, et comme elles en donnent l'exemple, en observant avec rigueur la tradition hiérarchique et les règles d'obéissance, elles exercent, par un juste retour, une considérable autorité sur notre société chancelante, et obtiennent d'elle des témoignages d'estime que beaucoup d'autres ont perdus.

« Ce qui pourrait sembler plus extraordinaire, c'est que les manifestations de respect dont la magistrature est l'objet ne lui sont pas seulement prodiguées par les honnêtes gens, que sa mission est de protéger, mais aussi par les justiciables de toute nature, qu'elle condamne à différents titres : plaideurs devant les tribunaux civils, qui peuvent être, il est vrai, très honorables et de très bonne foi, même quand ils perdent leur procès, mais auxquels le proverbe donne vingt-quatre heures pour maudire leurs juges, et prévenus devant les tribunaux correctionnels et criminels appartenant aux catégories sociales les moins soucieuses, par éducation et par nature, du respect et de l'autorité.

« Devant les tribunaux civils s'agitent des questions de fortune et aussi d'honneur. Que les débats en soient fastidieux pour le public ou sollicitent la curiosité judiciaire, l'intérêt, pour les parties, est toujours considérable. Elles sont là, présentent à l'audience. Leur émotion s'augmente encore de la longue attente qui a précédé.

« Pendant des semaines, souvent pendant des mois, elles sont venues écouter les perpétuelles remises à huitaine qui soumettaient leur patience à des épreuves inouïes, et différaient de semaine en semaine, avec une monotonie exaspérante, la solution qui est l'angoisse de leurs jours et le cauchemar de leurs nuits. Le jour des plaidoieries arrive enfin ; ils entendent leur éloge dans la bouche de leur avocat, et leur physionomie enfiévrée se détend quelque peu ; ils entendent leur adversaire et subissent une torture que Virgile et Dante ont oubliée dans leur enfer. Ils apprennent sur leur propre compte des infamies qu'ils ignoraient absolument. S'ils ne sont pas écartelés vivants, ils sont déshabillés de main de maître et figurent en charge dans un croquis parlé, chef-d'œuvre d'un Cham judiciaire, devant lequel ils sont venus poser. La cause est ensuite remise pour jugement à huitaine, à quinzaine, et pendant ce nouveau ajournement leurs amertumes, au lieu de s'adoucir, fermentent ; leurs blessures, au lieu de se cicatriser, se rouvrent sans cesse. Le jour du jugement s'est levé. La question d'où leur existence dépend peut-être va se décider ; ils sont là, présents comme toujours, pour apprendre leur sort quelques secondes plus tôt. Le président lit la sentence... ils ont perdu leur procès !

« Eh bien ! dans cette surprise qui emporte tant d'espérances, dans ce déchirement de leur amour-propre, dans cet écroulement de leur fortune, pas un cri n'est jeté, pas une marque de colère ni même d'impatience n'est donnée. Ce drame qui se passe dans les chambres civiles est un drame poignant, perpétuel et silencieux. Celui qui gagne a presque la même attitude que celui qui perd. Le respect de la justice pèse d'un poids égal sur la douleur et sur la joie. »

Au criminel, cette remarque est plus saisissante encore ; là, du premier janvier à la saint Sylvestre, fourmillent des milliers de prévenus, natures aussi incultes et grossières que dépravées, prompts à la fureur, inhabiles à se contraindre en toute chose. La peine qui les frappe leur enlève le seul bien auxquels ils tiennent, la liberté. Hier, ils se livraient à tous les excès. A partir d'aujourd'hui, serrés entre les quatre murs d'une cellule, ils seront soumis, pendant des années, à toutes les privations. La condamnation, pour d'autres, c'est le départ sans retour et l'infranchissable barrière de l'océan qui qui se dresse entre la France et la Nouvelle-Calédonie.

Un mouvement de rage, s'il leur échappe, sera sans doute immédiatement puni, mais à beaucoup d'entre eux qu'importe? Pour les uns, la peine ne peut plus être aggravée; pour les autres, l'aggravation est absolument indifférente. Ils se taisent cependant, et c'est à peine si un regard d'adieu, jeté au fond de l'auditoire public, ou un sanglot mal étouffé, trahit leur émotion. Ce qui se brise en eux ne fait pas de bruit. La *Gazette des Tribunaux* relève tout au plus, une fois ou deux par an, de la part d'un accusé entre tant de milliers d'autres, un acte de violence ou un outrage adressé à la magistrature.

Ces réflexions nous ont été inspirées par une de ces rares exceptions ; son auteur, du reste, n'était pas un condamné ni un criminel. C'était simplement une partie plaidant sa cause devant un juge de paix. Il faut dire que ce justiciable a une façon curieuse de plaider qui n'appartient qu'à lui.

Il se prétendait victime d'une usurpation de terrain. Le juge de paix se rend sur les lieux, accompagné du plaideur, de son avocat, de son adversaire et de quelques témoins.

A peine le groupe est-il entré dans le champ que le demandeur se précipite sur un monticule, qu'un accident de terrain lui a permis de convertir à l'avance en une sorte de forteresse, saisit un fusil chargé à balles, dirige son arme sur ceux qu'il vient de quitter, somme le magistrat de procéder à un nouveau bornage, et son adversaire de payer dix mille francs, valeur par lui estimée du champ qu'on lui a pris.

Son avocat se précipite sur lui ; il le menace à son tour, lui criant : « Je ne vous en veux pas à vous, mais je vous tuerai, si vous me touchez. »

Pendant trois quarts d'heure il faut parlementer avec ce furieux. Il capitule enfin, et la conséquence de ce siége en règle, c'est la comparution du terrible plaideur devant le tribunal correctionnel de Nevers, sous la prévention de menaces de mort sous condition.

Là, du moins, il respecte la justice, qu'il semblait méconnaître sous les traits d'un juge de paix ; sa nouvelle attitude, son grand âge et peut-être le soupçon que sa tête n'est pas complétement saine lui concilient l'indulgence de ses juges. Il n'est condamné qu'à six mois de prison.

Devant la cour d'assises de la Charente-Inférieure, c'est un vieillard de soixante-seize ans, Jean Bouton, qui vient répondre de l'assassinat du mari de sa petite-fille. Sous le faux prétexte que celui-ci le volait et ne remplissait pas ses devoirs de fils, il l'a poursuivi de sa haine et lui a traversé le corps d'une balle ! A peine le blessé à l'agonie avait-il été porté dans une chambre de son habitation, qu'il a fallu le déplacer en toute hâte, le feu éclatant dans un hangar attenant. Tandis qu'il rendait son dernier soupir, l'incendie allumé par l'assassin s'attaquait à sa maison. Bouton a été condamné à mort, et les jurés, à raison de son âge avancé, ont signé son pourvoi en grâce.

Trois jours après, un jeune homme de vingt-quatre ans, nommé Massé, à la face bestiale, est traduit devant la même cour d'assises, sous l'inculpation d'un meurtre dont les horribles détails sont impossibles à décrire. Condamné à mort, il rentre à la prison sans émotion visible, et demande *un bon bouillon gras, une côtelette et une bouteille de vin, attendu qu'il a grand'faim.*

Dans la Seine-Inférieure, c'est la femme Brard, qui empoisonne son père pour ne pas lui payer une dette, et pour avoir plus tôt son héritage. Du moins on ne connaît pas d'autre intérêt au crime. La parricide est condamnée à mort.

Dans le même département, un jeune homme avait été comblé de bienfaits par deux pauvres cultivateurs, les époux Régnier. Après une condamnation pour vol, presque toutes les portes s'étaient fermées, excepté la leur. Il les récompense en tuant sa bienfaitrice à coups de couteau sous les yeux de son mari, qui tremble et n'a même pas la force d'arrêter l'assassin.

Avec les grands forfaits, les condamnations capitales se multiplient. Les jurés, ordinairement si indulgents, ont retrouvé, ce semble, une énergique fermeté en présence du péril social. Il est certain que l'épidémie sanguinaire sévit avec une violence inaccoutumée. Est-il besoin de le rappeler, ce sont là les fruits amers de l'irréligion passant de la théorie dans les faits les plus abominables. Le fléau ne manque pas de souplesse, en prenant deux formes bien différentes : celle du principe et celle de la conséquence, celle de la doctrine et celle de l'application.

Il y a ceux qui sèment l'ivraie malfaisante et ceux qui en ramassent les gerbes touffues. La doctrine perverse est quelquefois affublée d'un costume barriolé de galons et de palmes. Sa bourse abondamment pourvue de pièces d'or et son foulard parfumé lui appartiennent réellement; elle aurait horreur d'une tache de sang à ses mains délicates et à son linge élégant. Abusant d'un certain franc-parler, avec un air de bonne foi, elle prétend avoir, au nom du libéralisme, le droit de proclamer qu'elle ne croit à rien, comme d'autres ont celui de dire qu'ils croient à tout. Des comptoirs de librairie aux théâtres, des instituts et des académies aux tribunes législatives, elle se promène, écrivant, publiant, parlant, et toutes ses paroles et tous ses écrits se résument en cette proposition antisociale : jeter la société en une perturbation inextricable, et rendre le bien solidaire de leurs contradictions révoltantes.

XIV

**Les déclassés de la société française
par défaut d'instruction**

Certainement, chez toutes les nations européennes se trouvent des individualités hargneuses et malades, se disant incomprises, méprisées et souffrantes. Mais en France leur nombre en est incommensurable. Notre société compte en son sein des êtres malheureux dont la vie s'use à des aspirations irréalisables, et qui se vengent de leur infortune en déblatérant contre ceux dont ils n'ont pas pu suivre le sort.

C'est ce que nous appelons les *déclassés*.

Ce sont des hommes doués de Dieu de certains talents, quelquefois même d'un vrai génie, auxquels les ressources pécuniaires ont manqué pour les cultiver et les développer. Comme ces arbres chétifs privés d'eau, de soleil, de culture et de soins, qui restent toujours malingres, produisent des fruits secs immangeables, et finissent par périr misérablement; ou bien comme des astres vagabonds qui se perdent dans les sombres nuages.

Les déclassés sont une vraie plaie sociale actuelle, que l'huile onctueuse de la charité chrétienne cicatrisait autrefois avec un empressement affectueux. On voyait en tous lieux des établissements d'instruction ouverts aux pauvres étudiants. Depuis les classes de grammaire élémentaire jusqu'à la théologie, l'art militaire, la médecine, la chirurgie, la procédure civile, les lettres et même les métiers les plus vulgaires avaient des asiles protecteurs, où des maîtres habiles, soldés par des fondateurs généreux, dispensaient gratuitement leur savoir ; et dans une habitation attenante les écoliers trouvaient un abri et des aliments substantiels.

Les *déclassés* aujourd'hui sont réduits à végéter tristement dans une position fâcheuse, sans espérance d'en sortir. Tel, avec la capacité que le Ciel lui avait départie, serait devenu un célèbre mathématicien, qui se morfond en un travail manuel abrutissant.

Un autre sent en lui les intuitions d'un nouveau Galilée et se voit contraint à remuer la terre du matin au soir.

Une éloquence naturelle, soutenue par une certaine appréciation des faits, aurait élevé celui-ci au rang des Lamoignon et des L'Hôpital, tandis qu'il s'escrime à combattre la détresse toujours prête à le saisir.

Voyez la fébrile impatience avec laquelle ce

jeune homme, marqué au front par le signe de l'intelligence, attend, chaque jour, le tirage d'une feuille périodique, dans laquelle il lui est permis d'insérer, de temps en temps, une fugitive élégie. Ah ! s'il rencontrait un mentor généreux qui, guidant sa verve poétique, l'exonérât d'un labeur fatigant, peut-être monterait-il au sommet du Parnasse à côté des Racine, des Boileau, des Corneille, des Jean-Baptiste Rousseau et des Delille.

Combien de Reboul et de Jasmin qui meurent ignorés au fond d'une boutique d'artisan. Combien d'émules de La Place, de Jean XXII, de Lamothe-Piquet, de Jean Bart, d'Horace Vernet, de Drouot, de Puget, et mille autres, languissent en des échoppes obscures, luttant contre les assauts de leur pénible condition.

Malheureusement cette armée nombreuse de *déclassés*, conscients vaguement des richesses enfouies dont ils sont les possesseurs, ne se résigne pas toute entière à de pacifiques manœuvres. Plusieurs, emportés par les folies de leur imagination en délire, semblables à des chevaliers errants, à la façon de Don Quichotte de La Manche, combattent à tort et à travers tout ce qui semble leur barrer le passage vers le but ardemment désiré, et souvent tombent à la porte des petites maisons. D'autres, profitant d'une révolution sociale, sollicités par l'appât d'un succès longtemps caressé, se jettent aveuglément dans les partis extrêmes, dont les chefs rusés qui les mènent les renient après la victoire, et comme des épaves vermoulues vont aborder au rivage meurtrier de Cayenne ou de Noukaïva.

Rares sont ceux qui surnagent dans ces flots agités par les passions ambitieuses, *rari nantes in gurgite vasto*, comme le dit élégamment le spirituel auteur des *Secrets du mendiant* [1].

On a cru fournir aux *déclassés* un moyen de compléter leur instruction, forcément interrompue par la pénurie, en instituant les écoles du soir et les conférences littéraires. Ecole du soir et conférences littéraires sont d'un faible secours, tout en attestant une lacune déplorable fortement sentie par la société.

Qu'apprend-on aux écoles du soir, qui ne se tiennent qu'en hiver? A lire, à écrire, à calculer sommairement et pas davantage; c'est l'instruction primaire reprise et ravivée dans ses éléments les plus simples, mais non l'instruction supérieure indispensable au développement des

---

(1) Voir le charmant ouvrage *les Secrets du mendiant*, par Mme C. D. Coote. — Paris, Auguste Ghio, Palais-Royal, galerie d'Orléans (1876).

facultés intellectuelles, appliquées à telle science particulière ou à tel art spécial.

Quant aux conférences littéraires, un moment en vogue et maintenant abandonnées, elles n'ont servi qu'à faire briller le talent de professeurs exercés à parler en public, le cahier à la main.

Les déclassés avides d'apprendre n'ont rien gagné à ces inventions, louables sans doute, mais impuissantes à soulever le rocher pesant qui ferme le tombeau de leur esprit inquiet.

Ce qu'il est urgent de créer, c'est une rente perpétuelle composée par les dons pécuniaires des riches membres de la société et affectée à l'éducation des enfants pauvres qui manifestent des dispositions réelles à une étude prolongée. Un jury d'hommes choisis, mais impartiaux, visiterait, chaque semestre, les écoles, les colléges et les lycées, examinerait les notes fournies par les directeurs sur les élèves indigents les plus distingués, en constaterait l'exactitude, et prendrait une décision. Ces élèves seraient alors dirigés vers un établissement fondé dans le chef-lieu du départemenl, uniquement consacré à cette œuvre régénératrice.

Mais, s'exclamera-t-on, n'avons-nous pas les bourses communales et départementales? Oui, nous les avons, pour une douzaine de jeunes enfants sur cent mille habitants. Et puis comment sont-elles décernées ? Hélas ! le maire ou le curé et quelques assesseurs complaisants en sont les dispensateurs suprêmes. Ces bourses ressemblent au morceau de pain qui ne rassasie pas même un individu.

Où puiser pour fonder une pareille institution ? Eh ! mon Dieu, dans la fortune sociale [1]. N'a-t-on pas, au nom de la religion, obtenu des sommes énormes pour élever et constituer les universités catholiques qui, en résumé, ne profitent pas aux pauvres écoliers de l'instruction secondaire ? A Angers, à Lille et à Paris, n'a-t-on pas vu des offrandes de deux cent, trois cent, six cent, douze cent mille francs réservées à la création de chaires de droit, de philosophie, d'histoire, de théologie et de clinique [2] ? Est-ce que cet argent considérable n'aurait pas suffi à sustenter des maisons d'éducation destinées aux malheureux enfants du peuple qui forment la pépinière confuse des futurs *déclassés ?*

(1) Les Arabes, ce peuple patriarcal, ont la *Medersa,* école supérieure établie dans les grandes villes, où les jeunes gens de tout l'arrondissement jugés aptes, après examen, sont élevés, nourris et entretenus, pendant deux ans, aux frais de toutes les communes indigènes.

(2) Le 30 décembre, le *Journal de Lille* (Nord) déclarait que les souscriptions pour l'Université catholique de cette ville s'élevaient à 5,250,000 fr.

Avant d'aborder l'étude de la médecine, de la théologie, de l'histoire, de la philosophie et du droit, ne faut-il pas que je gravisse successivement les divers dégrés de grammaire, de latin, de grec, de mathématiques, d'humanités et de rhétorique? Si l'arbre sur lequel je dois cueillir un fruit savoureux est très élevé, n'est-il pas nécessaire que vous me posiez une échelle, afin que je puisse l'atteindre?

Avant la confiscation liberticide des biens religieux en Europe, quelle n'était pas l'admiration de l'étranger visitant Madrid, Berlin, La Haye, Lisbonne, Florence, Parme, Modène, Naples et Rome, de rencontrer des groupes de jeunes gens vêtus d'habits de couleurs variées, se rendant tous au siége des universités, pour assister aux classes élémentaires et aux cours supérieurs, puis regagnant le domicile, édifié et doté par la charité chrétienne, où rien ne leur manquait.

Dans la capitale du monde où ces établissements abondaient, on se plaisait surtout à suivre d'un regard enchanté, le cœur ému, ces orphelins habillés de blanc, fils de pauvres ouvriers maçons, auxquels un ouvrier de leur état, nommé Tata Giovanni, avait construit et enrichi de rentes suffisantes un vaste asile pour leur entretien et leur éducation jusqu'à leur apprentissage. La nomenclature de ces maisons de secours y était incalculable.

Voilà comment des fils de bûcherons et de charbonniers, des gardeurs de vils animaux ont ceint la tiare pontificale, comme Sixte-Quint, et se sont illustrés sous la pourpre cardinalice comme le grand ministre Antonelli.

Et cette originale institution de l'empereur, des princes, de l'impératrice et des princesses du catéchisme, encore à 'Rome, n'était-elle pas une preuve éclatante du souci de la religion en faveur des enfants intelligents du peuple ? Chaque année, tous les dimanches du carême, après-midi, les curés de la Ville éternelle conduisaient les enfants de leur circonscription dans la chapelle du Baptistère, à Saint-Pierre du Vatican. Une foule impatiente entourait le trône du cardinal achiprêtre de la basilique, autour duquel étaient des prélats nombreux. Pendant de longues heures les garçons et les filles de chaque paroisse ayant obtenu, pendant l'année, les dix premières places, subissaient un examen sérieux sur le grand catéchisme de Bellarmin. Ceux qui répondaient sans faute à toutes les questions étaient nommés, le garçon empereur et la petite fille impératrice du catéchisme, et les deux autres qui suivaient recevaient le titre de princes et de princesses.

Immédiatement on les conduisait en des palais séparés, modestement meublés, où ils trouvaient les uns un majordome, un aumônier et des serviteurs avec un maître, et les autres une directrice, un aumônier, une maîtresse, des servantes et un cocher. Car l'empereur et les princes, l'impératrice et les princesses avaient une voiture à deux chevaux à leur disposition. Leur règne durait une année, après laquelle, selon leur vocation et leurs aptitudes, ils étaient tous placés dans un établissement d'éducation jusqu'à leur majorité.

Notez bien qu'aux fêtes solennelles, l'empereur et les princes du catéchisme, portant le costume à la Henri IV, se tenaient debout derrière le trône du souverain-pontife, tandis que l'impératrice et les princesses assistaient à l'office dans une tribune réservée.

En Amérique, ce florissant pays de la liberté et des améliorations sociales, un riche planteur protestant du Connecticut a établi près de New-Hawen une association de jeunes colons pauvres, abstraction faite de la religion à laquelle ils appartiennent, qui, pour être admis, ont à présenter leur extrait de naissance légitime, un certificat de bonne conduite, et à répondre sur diverses questions d'agriculture, de syntaxe grammaticale, de géographie et d'histoire continentales, et des quatre règles d'arithmétique.

Oh! quoi de plus beau et de plus utile que de favoriser l'enfance indigente et laborieuse.

XV

Les déclassés de la société française par trop d'éducation

Trop d'éducation jette aussi une quantité non moins malheureuse de jeunes Français dans la cohorte inquiète des *déclassés* souffreteux, en établissant au foyer paternel de petits maîtres exigeants dont les prétentions inconséquentes arrachent à la famille et à la société des cris de désespoir. Ceux-ci, nous pouvons l'affirmer résolument, à quelques exceptions près, sont de vrais conspirateurs contre les éléments constitutifs de la vie sociale, par là même qu'ils détruisent la vitalité domestique. Ce sont des *Messieurs* orgueilleux qui rougissent d'être les fils d'un honorable cultivateur ou d'un laborieux artisan. Ce sont des *Demoiselles* à lá toilette et aux allures ébouriffantes qui font baisser les yeux à leurs mères, dont elles n'osent s'avouer les filles, tant le contraste entre elles est frappant.

Et cependant à qui revient le tort de ces ano-

malies si multipliées dans nos temps modernes?
Aux parents eux-mêmes : ils récoltent ce qui ont
semé.

Certainement, ainsi que nous l'avons établi
dans le paragraphe précédent, lorsque le fils
d'un artisan ou d'un ouvrier manifeste des
dispositions sérieuses et persévérantes, son
père doit les favoriser, si ses revenus le lui per-
mettent, sans blesser pourtant la juste suscep-
tibilité de ses autres enfants. Heureux est un
enfant du peuple intelligent et sage de corres-
pondre dignement aux espérances des siens,
qui s'imposent même des privations pour lui
donner une condition élevée dont il sera l'arbitre.

Quelle satisfaction pour lui de se dire, plus
tard : grâce aux soins de mes parents généreux,
j'ai pu travailler à ma propre fortune ; ô mon
Dieu ! récompensez-les.

La meilleure et la plus délicieuse des récom-
penses, c'est la gratitude sans doute, mais aussi
l'honneur.

Hélas ! ainsi n'agissent pas ces *déclassés* su-
perbes, arrogants, contempteurs de tout ce qui
rappelle leur basse extraction. Le nom même
qu'ils portent, quelque honorable qu'il soit,
leur paraît un opprobre ignominieux. Volontiers, malgré qu'ils affichent des idées d'opposition roturière, ils prennent la particule de

noblesse, en allongeant leur nom de celui de la petite ferme, du village ou du département qui les ont vus naître. Vous croyez parler à de simples mortels appelés Robin, Pierrot, Saumon ou Martin ; détrompez-vous, ce sont Robin d'Epinal, Pierrot du Clocher, Saumon de la Poissonnière, Martin de Brives-la-Gaillarde. Qui plus est, ils ont su se façonner des armoiries où la bêche, le marteau, la pelle de leur père sont remplacés par des aigles lampassés, des lions couards, des taupes rampantes et d'autres animaux engoulés, toujours sur un fond de gueule très prononcé.

Quelles extravagances et quelle dérision !

Ces *déclassés* extravagants commencent par ruiner leur famille, en attendant de devenir un immense embarras pour la société. Sous le faux prétexte de rechercher un emploi, ils se traînent de la place publique à l'estaminet, du théâtre au salon de lecture et ailleurs, dépensant des sommes fabuleuses.

Evidemment les places étant limitées, ceux qui les remplissent les gardent.

Tandis que les coureurs désœuvrés de position encombrent les avenues de nos boulevards, les bras manquent pour cultiver le sol que leurs pères désolés remuent péniblement en l'arro-sant de leur sueur et de leurs larmes.

Mais c'est trop tard. La société va payer chèrement les folies de leurs rêves ambitieux.

Ces déclassés vagabonds, à bout d'expédients et de ruses, comploteront ensemble contre les institutions politiques et sociales, avec un acharnement insensé. Demi-savants aux études tronquées, ils tremperont leur plume taillée par la haine dans l'encre de la méchanceté. Ils s'opileront, en des feuilles de cinq centimes, à réclamer contre les abus dont ils sont eux-mêmes les propagateurs insolents, en infiltrant au cœur des populations crédules le fiel amer de la révolte.

Et, chose incroyable à constater, qui parfois vous révolte contre la propagation de l'enseignement, c'est que les départements dans lesquels les maisons d'éducation sont plus nombreuses, plus considérable aussi est le contingent des *déclassés* dont je parle.

La raison en est patente : ces maisons d'éducation, vivotant avec peine, rivalisent entre elles de zèle et d'ardeur pour attirer des pensionnaires. Les directeurs en déficit s'efforcent de combler le vide de leurs bourses, en sollicitant les parents à profiter des concessions pécuniaires pour faire élever leurs enfants à bas prix. Ils battent la grosse caisse à grands renforts de prospectus plus falacieux et plus ampoulés les uns que les autres ; et se portent mutuellement un préjudice inouï en devenant des *marchands de soupe*, ainsi qu'on les a justement qualifiés.

Avec quelle avidité ils se disputent les élèves, comme une denrée de peu de valeur, en abaissant le taux de la pension par esprit de jalouse concurrence.

Ah ! ils ne calculent pas le prix de ce déclassement auquel ils travaillent aveuglément et dont ils seront peut-être les premiers à subir les désordres affligeants.

Mieux vaudrait établir des écoles primaires modestes et peu exigeantes, pour les enfants du peuple, avec une instruction limitée, que de leur ouvrir une carrière impossible et ruineuse.

Répétons-le sans crainte, ce vice social prend sa source aux torrents d'orgueil qui nous submergent de toutes parts. Si chacun s'estimait plus content de son sort, on ne se tourmenterait pas avec tant d'anxiété pour changer de position. Jadis la société se maintenait inébranlable et forte, parce qu'elle ignorait ce désordre et ne connaissait pas de *déclassés*.

Anciennement on ne voyait pas les pères détourner leurs fils de suivre leur carrière, et on ne les entendait pas répéter avec une aigre satiété : Jamais, jamais mes enfants ne pren-

dront ma profession ; ah ! j'en ai assez moi-
même.

Au contraire, tous s'étudiaient à les initier à
leur art, à leur commerce et à leurs fonctions.
Quand leur progéniture était nombreuse, ordinairement l'aîné de la famille prenait la suc-
cession paternelle, et les autres choisissaient
tel état pour lequel ils se sentaient des dispositions positives.

Dès lors le mouvement social s'accomplissait
pacifiquement de génération en génération, semblable à ces fleuves enchanteurs dont les flots
bleuâtres, réflétant la couleur du firmament et
les astres qui l'embellissent, courent sans bruit
à travers les champs qu'ils fécondent et tombent
doucement dans les profondeurs de l'océan.

O spectacle ravissant ! quand donc te dévelop-
peras-tu à nos regards attristés ? Quand donc
tes charmes attrayants rendront-ils à notre
société française cette physionomie si pure,
illuminée par l'éclat d'une beauté sans rides et
sans altération.

Nous t'appelons de nos vœux les plus sincères
et les plus ardents. Hâte-toi de les combler.

XVI

Le luxe de la société française

Notre siècle a poussé le luxe aux dernières exaltations de l'orgueil. Le peuple français, trop imitateur en toutes choses, a demandé à chaque nation un genre particulier de somptuosité, qui l'a porté à des excès d'excentricité sans exemple dans nos fastes historiques.

De là, luxe dans les constructions, luxe dans les ameublements, luxe dans les habits.

De là aussi, ébranlement de la fortune et corruption de la morale. Or, comme la prospérité publique dépend essentiellement de ces deux sources de vie, jugez des affreux désastres causés par leur altération.

Depuis le haut gentilhomme jusqu'au dernier des bourgeois, tous, emportés par une vaine ostentation, ne se sont plus contentés des antiques demeures de leurs ancêtres ; mais, rivalisant de luxueux efforts, ont élevé à grands frais des habitations où se jouent les caprices ridicules d'un caractère architectonique inconnu. Autant on s'estimait heureux autrefois de passer sa vie dans les appartements sanctifiés par le séjour de nombreuses générations; autant on se hâte aujourd'hui de les abandonner. Tout y répugne, tout y ennuie. Ils- sont enfumés, malsains, trop étroits, mal aérés, d'une disposition peu agréable ; en un mot, il est impossible d'y demeurer sans porter atteinte à la santé.

Alors, sur un plan grandiose on construit un palais dont l'achèvement concourt avec la disparition des deniers économisés péniblement par ceux dont on a méprisé la mémoire.

N'imitez pas les héritiers de notre voisin, recommandait à ses enfants un vieillard qui se sentait mourir, conservez notre maison telle que me l'a léguée votre grand-père, tout en y pratiquant les aménagements indispensables, à mesure que la famille s'accroîtra. Ici, chaque pièce est pleine de souvenirs. Les murs sont lambrissés de diverses couches de traditions séculaires. Ah ! si toutes les pierres qui composent cet édifice modeste pouvaient parler, elles ne tariraient pas en nous racontant les vertus, les joies, les douleurs acceptées avec résignation, les événements qui ont marqué l'existence honorable de tel membre de la famille. Ici, c'est la chambre où votre mère vous mit au monde et où elle expira dans mes bras. Ici aussi, je recueillis le dernier soupir de mes aïeux. Voyez ce crucifix d'ivoire qui domine le chevet de mon lit ; ne dirait-on pas qu'il est irrévocablement attaché là pour recueillir nos pensées, nos aspirations, nos sentiments, nos désirs et nos jugements, comme il a recueilli les jugements, les désirs, les sentiments, les aspirations et les pensées de nos devanciers ? A combien de cœurs oppressés ici secrètement n'a-t-il pas accordé le baume de la consolation ? Les nouveau-nés lui souriaient tendrement, en l'appelant Jésus, tandis que leurs mères attendries puisaient dans la contemplation de ses plaies l'espoir et l'énergie de les élever dignement, en sollicitant pour leurs maris un regard de bienveillante protection. Ah ! ne quittez pas ce sanctuaire domestique, restez-y ; que l'union enchaîne toujours vos âmes ; n'imitez pas notre voisin.

Qu'était-il survenu à ce voisin dont il ne fallait pas imiter l'exemple ? Hélas ! mécontent de la maison paternelle, trop étroite et sans élégance, il l'avait vendue, en avait bâti une autre à larges ouvertures et à la façade flamboyante, dont il avait été dépossédé par les ouvriers entrepreneurs, auxquels il devait la moitié des fournitures engagées.

Si nous entrons dans ces modernes constructions d'architecture recherchée et bizarre, nous ne savons où poser le pied, tant les meubles, les fauteuils, les guéridons, les tables, les chaises y abondent. On dirait un musée banal d'objets entassés sans intelligence et sans art; un magasin de bric-à-brac où se heurtent les choses les plus disparates et les plus inutiles. Après avoir examiné les mille bibelots qui paradent sur les cheminées et garnissent les étagères en bois de rose ciselées, considérez la grotesque exhibition de peintures bouffonnes, d'académies excentriques, d'aquarelles pâteuses, de paysages et de fleurs trompe-l'œil, au milieu desquels rayonnent des effigies domestiques brillamment enluminées.

A entendre les propriétaires de ces collections hétéroclites, il y a là des Titien, des André del Sarto, des Tintoret, des Paul Véronèse, des Van Dyck, des Téniers, des Rembrant, des Greuze, des David, des Gérard et des Léopold Robert.

Croyez-le, mais croyez aussi que la vanité ne s'arrête pas en si beau chemin. Ainsi les maisons et leur ameublement conspirent par un déploiement inusité à la désorganisation morale et financière de la société française, en devenant une insulte à la misère publique. Et, observonsle en passant, l'entraînement est si violent que les ordres religieux eux-mêmes faisant vœu de pauvreté absolue ne savent pas y résister.

Je ne parle pas des petits séminaires gothiques, aux fenêtres lancéolées, à trois ou quatre étages, au péristyle formé de colonnes de marbre, avec une vaste chapelle ornementée, autels sculptés, orgues de vingt jeux, mosaïque, vitraux coûteux, flèche élancée, sacristie bien pourvue ; tandis que certains villages n'ont pour églises que des granges manquant du strict nécessaire au culte.

Je ne dirai rien, non plus, de ces immenses édifices d'éducation construits et dirigés par des congrégations religieuses, pour lesquels on aurait pu économiser des sommes importantes qu'il valait mieux réserver à des bourses en faveur de pauvres enfants réellement dignes d'intérêt, en retranchant beaucoup de ce faste inopportun.

Encore moins citerai-je ces établissements charitables où les vieillards et les orphelins des deux sexes sont abrités et nourris, et qui, par leur aspect imposant, deviennent un contre-sens douloureux et presque un affront pour ceux qui les habitent.

Mais j'entends surtout désigner les monastères d'hommes ou de femmes vivant sous une règle austère, sollicitant souvent la charité publique, et qui s'élèvent majestueusement comme un flagrant démenti à leur destination ascétique. Est-ce qu'un Franciscain ou une Fran-

ciscaine, un Carme ou une Carmélite échange-
raient leurs grossiers vêtements de bure contre
une robe de soie précieuse ? Certainement non :
ils ne se croiraient plus dignes de s'appeler les
enfants du pauvre d'Assises et de l'illustre sainte
Thérèse, qui s'énorgueillissait, à bon droit, de
n'avoir pas même un voile d'étamine qu'elle
n'eut reçu en aumône.

Telle est la pente fatale sur laquelle roule
notre société, toujours dominée par l'amour de
la vaine gloire et par la mode.

Ah ! la mode, cet insatiable tyran semblable
à la bête effroyable de l'Apocalypse, aux sept
têtes couronnées de dix diadèmes, dont les caprices et les goûts accumulent mystères sur mystères, qui pourra jamais la contenter? Des volumes ne suffiraient pas pour raconter et décrire
toutes ses évolutions indécentes et immorales.
Son histoire, à la fois piquante et nauséabonde,
révélerait plus de désordres que nos annales judiciaires. Comme saint Jean, à l'aspect de ce
dragon immonde, recula d'horreur, ainsi se-
rions-nous glacés par l'épouvante.

. . . .

Combien de femmes vaniteuses n'ont-elles
pas ruiné leur famille, en souscrivant passionnément à toutes les exhibitions de la mode ?...
Et combien d'hommes qui sont femmes sur ce

point là, comme sur la loquacité, ainsi que le disait le fin La Fontaine.

D'abord, en France, on ne saura bientôt plus comment s'habiller. Les seigneurs, à bout de travestissements presque comiques, ont fini par adopter le costume des paysans. Le veston étriqué a triomphé de l'ample redingote. Au large pantalon à la hussarde a succédé un fourreau étroit *indigne du respect humanitaire*, comme s'exprimait un chansonnier plaisant. Le chapeau tuyau de poêle s'est changé en une assiette assez semblable au plat à barbe dont Sancho Pansa couvrit le chef de son auguste maître.

Jadis la société française n'aurait pas changé la forme et la coupure des vêtements qui la distinguait des autres nations, toujours avides de la prendre pour modèle. Est-ce que la Bretagne encore n'a pas conservé avec un légitime orgueil ses façons traditionnelles de se vêtir?

Avouons-le, ces transformations incessantes exigent une dépense plus considérable et absorbent bien plus de revenus. A chaque saison, que dis-je? toutes les semaines, paraissent des journaux de mode indiquant les changements nouveaux adoptés par les fashionables intrigants de la capitale, et vite la province s'y conforme, craignant d'être accusée du crime de lèse-Paris.

Paris, la Babylone moderne, est cause de tous nos désastres politiques et sociaux. Quand voudrons-nous le comprendre?

Il y a quinze ans, je traversais en diligence un village entouré de vignobles, où le vin abondant et chèrement vendu amenait les flots du Pactole. Je me crus dans une grande ville, tant la rue dans laquelle s'arrêta le véhicule, rue unique, était bordée de hautes et belles maisons, à pignons élégants, aux corniches dentelées, aux ouvertures à chambranles sculptées.

C'était huit heures du matin. A l'entrée du village nous rencontrâmes une trentaine de jeunes filles, vêtues de robes de soie aux couleurs éclatantes, un panier au bras, qui se dirigeaient vers la campagne.

— Voilà, dîmes-nous, des pensionnaires qui ont vacance aujourd'hui, et vont respirer l'air des champs.

— Détrompez-vous, répliqua un voyageur monté près de nous, dans le village même, ce sont là des ouvrières qui se rendent à la vigne, pour la soufrer et la cultiver.

— En robe de soie?

— Oh! non; elles ont dans leur panier une robe de toile grossière, qu'elles endossent en arrivant.

Quelques années plus tard, les robes de soie,

les bijoux et les maisons ornementées ont été saisis par les huissiers impitoyables, agissant au nom des créanciers impayés. Le terrible phylloxéra a causé cette catastrophe, en frappant à mort les ceps producteurs, tout au plus bons à brûler.

Sans le luxe immodéré, les épargnes des temps prospères auraient été accumulées, et au moment de la détresse seraient devenues une ressource suffisante pour parer aux fâcheuses éventualités.

Plût à Dieu, comme le dit un avocat distingué, que le *Dulcis amor patriæ* et le culte de l'antique simplicité de nos pères, puisés dans les principes religieux, saisissent encore nos cœurs de leurs étreintes bienfaisantes [1].

XVII

La politesse de la société française

Messieurs les Anglais, commencez l'attaque, disaient, en se découvrant, les vaillants défen-

---

(1) M. Emile Fassin, du barreau arlésien, qui travaille, avec un zèle vraiment louable, à raviver les traditions de notre vieille patrie, par l'intéressante publication *le Musée*.

seurs de la France, sur le champ glorieux de Fontenoy.

C'était là l'expression de l'exquise politesse qui distinguait alors la société française. Sinon, pourrait-on comprendre qu'en un moment aussi grave, où l'ardeur des combats anime naturellement les esprits, une pareille délicatesse se manifestât ?

Aussi le proverbe *Poli comme un Français* était-il répandu dans l'univers entier, et plaçait notre pays au-dessus de toutes les nations, par ce caractère charmant d'urbanité courtoise, qui est en résumé un des fruits de la charité chrétienne. Evidemment l'homme du peuple le plus ignorant, le moins façonné aux usages de la bienséance, mais foncièrement religieux, mû par le sentiment du respect envers tous, imprimé dans son âme par cette sublime vertu, aura des égards et des prévenances instintives, à l'allure peut-être un peu embarrassée, mais sincères.

Le rustre, sans religion, vous heurte, vous bouscule et vous rudoie, non toujours avec une intention réelle, avouons-le, mais par une ignorante grossièreté qui tient presque de la barbarie. Tout ce qui a l'apparence d'un Monsieur ou d'une Dame soulève son humeur atrabilaire ; car, avec le progrès de nos idées modernes, on lui fait croire que ceux qui le dominent par leur position aisée sont ses ennemis acharnés et irréconciliables. Pour lui, les riches sont des tyrans et des vampires qui, en buvant son sang par les rudes travaux auxquels ils l'emploient, le traitent comme une bête de somme et ne lui donnent pas de meilleurs noms. Dès lors il ne leur doit ni reconnaissance, ni respect. Volontiers, comme les animaux de la fable, il s'écrie : *Haro sur le baudet !*

Et pourtant c'est le baudet méprisable à ses yeux qui le fait vivre et lui fournit du pain.

Ces idées malfaisantes et plus qu'impolies se propagent comme un torrent d'eaux bourbeuses, dans la classe infime, la plongent en des irrévérences outrées devenues générales, qui révoltent la plus simple honnêteté.

Entrez, un jour de train de plaisir par exemple, dans les salles d'attente d'une gare envahie par une étourdissante cohue, ôtez votre chapeau et dites bonjour ; on vous rira au nez, si toutefois on ne vous insuffle pas à la face des bouffées étouffantes d'une pipe noirâtre. Car, fumer partout et toujours, tel est un des traits caractéristiques de l'impolitesse populaire en France. On dirait qu'on ne peut vivre sans respirer l'affreux poison de la nicotine, viciant l'air d'une fumée suffocante et transformant les lieux les plus di-

gnes de réserve en une tabagie nauséabonde.
On a beau inscrire à la porte des salles d'attente
d'un hôtel-de-ville, d'une préfecture, d'un palais
de justice, d'une gare et surtout dans les wagons
de chemin de fer : *Défense de fumer*. Personne n'y
prend garde. Des gamins de quinze ans, imitant
leurs pères mal appris, répondent en ricanant et
continuent en hochant la tête, si vous leur mon-
trez cette défense.

De la masse du peuple, cette habitude répréhensible est montée graduellement, par le cita-
din bourgeois, jusqu'au faîte de la société française, en y important aussi les écarts d'une inci-
vilité d'autant plus choquante, qu'elle jure davantage avec la qualité de ceux qui s'en font
presque une gloire.

Voyez-les ces fashionables élégants, ces gom-
meux pleins de suffisance, ces crevés vaniteux,
le lorgnon à l'œil, le cigare à la bouche, l'air
effronté, qui vous toisent avec un sourire dédaigneux sur les lèvres ; il faut absolument que
tout le monde passe sous leur inspection omni-
potente. Ne parlons pas du pauvre peuple, c'est
un fretin misérable qu'ils méprisent souverainement.

C'est vers la portion de la société la plus digne
de respect et d'obséquiosité que se tournent leurs
insolentes et malhonnêtes provocations. Oui, les

dames, accompagnées ou non, deviennent pour eux un sujet d'inconvenances sans nombre. Ils les entourent avec une désinvolture blessante, ne les saluant jamais. Ou bien, touchant du doigt le bord de leur chapeau, ils s'inclinent à peine. S'ils le soulèvent, on croirait que c'est un poids de cent kilos qu'ils sont obligés de laisser retomber immédiatement, comme l'observe *la Mère de famille*, dans une de ses spirituelles causeries de *la Revue des familles* [1]. Ne leur cédant jamais le pas, ils les suivent obstinément dans les rues ou sur les places publiques, les dépassant quelquefois pour les heurter et les regarder bien en face, jusqu'à les forcer à baisser les yeux, surtout si elles sont seules.

Et puis ils s'appelleront des galants hommes et traiteront d'imbéciles arriérés, en les accablant de leurs sarcastiques injures, les jeunes gens réservés, modestes, polis, respectueux et empressés auprès du noble sexe.

Quelle est la tenue générale en France? Question capitale, dont la réponse est aussi manifeste que la lumière du soleil. Elle est défectueuse. Un incroyable sans-gêne, bien supérieur à celui des Yankées américains, s'est inféodé dans toutes les sphères sociales et tend chaque jour à s'y développer avec une indépendance illimitée.

[1] *Revue des familles* (mai 1874.)

Pourquoi nos instituteurs et nos institutrices ne consacrent-ils pas leurs soins à relever la société de cet état de dégradation, par des enseignements pratiques de politesse? Hélas! c'est là un labeur peu estimé.

Cependant, direz-vous, nous voyons sur tous les prospectus des lycées, des colléges et des pensionnats de toute sorte, un article spécial à ce sujet. Il y a donc des classes de politesse. Oui, mais plus dans les institutions de jeunes filles que dans celles des jeunes garçons. Ensuite, en quoi consistent ces classes? A la lecture d'un manuel dont les élèves apprennent quelques pages. Mais ce n'est pas la théorie qui nous intéresse, c'est l'application des principes secs et froids. Apprenez, ô maîtres, apprenez à vos disciples ce maintien digne et gracieux à la fois qui donne un cachet de distinction attrayante. Dites-leur que la modestie aimable pare et rehausse les qualités naturelles. Indiquez-leur comment on doit se présenter, comment on salue. Faites-les asseoir, se lever, se mouvoir, marcher et gesticuler. Qu'ils parlent entre eux librement, pour corriger leurs intonations fausses et épurer leur accent provincial. Mettez-les à une table servie, et après avoir fait réciter le *Benedicite*, ordonnez-leur de prendre place, de déplier la serviette, de la maintenir, d'accepter les mets, de briser le pain, de boire, de causer avec aisance, de refuser ce qui leur est encore offert, de poser la serviette et de se lever au moment voulu par l'étiquette, en rendant grâces à Dieu. Ajoutez mille autres exercices pratiques qui transforment la nature la plus revêche et la plus âpre.

Que m'importe les usages des Grecs et des Romains? Enseignez-moi les habitudes de politesse usuelle de la nation dont je suis membre.

De là cette gaucherie maladroite des jeunes gens, et léur embarras pénible lorsqu'ils sont en société.

A quel âge, demandait un rhétoricien à son professeur, m'apprendrez-vous à écrire une lettre?

Oui, à part les douces missives du jour de l'an et de la fête d'un père ou d'une mère, missives toujours littéralement copiées dans quelque manuel épistolaire, quand initie-t-on la jeunesse à cet autre point délicat et indispensable de la politessse, la correspondance? Combien de Français qui ne savent pas tourner trois phrases, exprimer leurs pensées d'un style coulant et facile comme la conversation orale, et qui ignorent les formules usitées pour le commencement, le fond et la conclusion d'une lettre.

Mais à combien de Français aussi ne peut-on reprocher l'inconvenante impolitesse de ne pas répondre à ceux qui leur écrivent.

Quel nom donneriez-vous à celui qui garderait un silence obstiné alors que vous lui adresseriez la parole? Qui que ce soit qui vous écrive, et quoi qu'on vous demande, soyez poli et répondez toujours.

— Je vous salue, disait, mettant chapeau bas, un vieillard de noble race, qui s'écartait dans un étroit sentier à la campagne, en face d'un fringant docteur sans client et sans politesse.

— Monsieur, lui répondit celui-ci, je ne vous salue pas.

— Eh bien ! répartit le vieillard, moi je le fais, souhaitant que mon salut vous porte bonheur.

Ingrat labeur que celui de l'éducation de la politesse ! Un vieux proverbe le proclame : *La critique est aisée, mais l'art est difficile.* Rien de plus juste. Mais il en est un autre d'un philosophe ancien qui rassure l'observateur : *Amicus Plato, sed magis amica veritas.* Platon est mon ami et je lui dois la vérité [1].

____

(1) Ainsi s'exprimait, au Congrès archéologique d'Arles, en 1876, mon éloquent et vénéré compatriote M. Honoré Clair, ce type irréprochable de la politesse française, dont la longue existence s'est écoulée en faisant le bien.

Eh bien ! tous les principes, toutes les règles, tous les exercices de la politesse s'effondrent dans l'abîme des procédés contraires, comme le vaisseau le mieux paré de ses agrès, entraîné par un courant perfide, disparaît au fond de l'océan.

Qui veut paraître ridicule ; qui n'aime pas à être de son siècle, selon l'expression universellement répétée pour excuser les vicieuses exagérations de notre époque ? Ne faut-il pas faire comme ses concitoyens, sous peine d'être taxé d'excentrique originalité ? Une espèce de convention tacite s'établit entre les membres du corps social, qui se croiraient coupables de lèse-société, en l'enfreignant.

De là vient ce flagrant délit contre les convenances les plus usitées chez les peuples civilisés. C'est une bravade impudente dont les champions sont intrépides.

C'était en la désastreuse année 1870, alors que nos mobiles mal organisés couraient de ville en ville, sur les injonctions d'un général improvisé dont la stratégique cervelle concevait plus de plans de campagne en cinq minutes qu'Alexandre en six mois. Un bataillon, débarquant d'une gare et ne trouvant pas de billets de logement préparés à la mairie, se dispersa à la débandade dans toutes les maisons, déjà encombrées par d'autres recrues, qui les appelaient.

Voilà nos mobiles s'installant sans façon et malgré la résistance des propriétaires surchargés, qui leur indiquaient d'autres locaux inhabités. On eut beau leur faire comprendre qu'il n'y avait plus de place, plus de lit ; il fallut que des femmes et des vieillards passassent la nuit sur une chaise, à grelotter du froid rigoureux.

Deux frères, anciens serviteurs du premier Empire, portant sur la poitrine la croix des braves, logeaient déjà quatre soldats depuis plusieurs jours. Il ne leur restait plus que la couchette de leur vieille sœur ; car, pour eux, ils avaient étendu des matelas à terre, en cédant leur lit. Eh bien ! les quatre soldats et les deux mobiles survenus, mêlant leurs grossières invectives, les accablèrent d'insultes, les traitèrent de vieux grognards, lâches et poltrons, et poussèrent l'ignominie jusqu'à dégaîner leurs sabres contre ces respectables vétérans qui, saisis d'un tremblement apoplectique, tombèrent à terre et moururent quelques jours après [1].

Ce tragique événement est un fait isolé, je le

(1) Mon estimable ami M. l'abbé Deslais, vicaire-général, curé de Notre-Dame de la Couture, au Mans, m'a raconté qu'à la même époque, chantant les dernières prières sur un cercueil, les francs-tireurs, qui couchaient dans son église, entonnèrent la *Marseillaise* à pleins poumons.

veux bien ; mais combien d'autres ne pourrions-
nous pas citer qui, pour être moins déplorables,
affirment hautement les contraventions cho-
quantes de la société française aux lois si douces·
et si agréables de la politesse.

XVIII

Que deviendra la société française ?

La société française reprendra certainement
son rang, sa splendeur et sa prépondérance,
lorsqu'elle le voudra sincèrement. Elle ressemble à ces malades moroses qui refusent un instant les remèdes salutaires dont la vue seule
provoque leur dégoût, et qui sentent en eux un
fond de vigueur puissant et fort. Mais elle n'a
pas du temps à perdre, sinon la prédiction de
son restaurateur moderne, le grand Napoléon,
s'accomplira inévitablement : elle deviendra
cosaque, si elle n'affirme pas ses idées religieuses.

« Il faut une croyance religieuse, il faut un
culte à toute *association humaine*, a écrit le
savant historien du Consulat et de l'Empire.
L'homme jeté au milieu de cet univers, sans
savoir d'où il vient, et où il va, pourquoi il

souffre, pourquoi même il existe, quelle récompense ou quelle peine recevront les longues
agitations de sa vie ; assiégé des contradictions
de ses semblables, qui lui disent, les uns qu'il
y a un Dieu, auteur profond et conséquent de
toutes choses ; les autres qu'il n'y en a pas ;
ceux-ci qu'il y a un bien, un mal qui doivent
servir de règle à sa conduite ; ceux-là qu'il n'y
a ni bien ni mal, que ce sont là des inventions
intéressées des grands de la terre : l'homme,
au milieu de ces contradictions, éprouve le
besoin impérieux, irrésistible, de se faire sur
tous ces objets une croyance arrêtée. Vraie ou
fausse, sublime ou ridicule, il s'en fait une.
Partout, en tout temps, en tout pays, dans
l'antiquité comme dans les temps modernes,
dans les pays civilisés comme dans les pays
sauvages, on le trouve au pied des autels, les
uns vénérables, les autres ignobles et sangui-
naires. Quand une croyance établie ne règne
pas, mille sectes acharnées à la dispute comme
en Amérique, mille superstitions honteuses
comme en Chine, agitent ou dégradent l'esprit
humain. Ou bien si, comme en France en
quatre-vingt-treize, une commotion passagère
a emporté l'antique religion du pays, l'homme,
à l'instant même où il avait fait vœu de ne plus
rien croire, se dément après quelques jours, et

le culte insensé de la déesse Raison, inauguré à côté de l'échafaud, vient prouver que ce vœu était aussi vain qu'il était impie.

« A en juger donc par sa conduite ordinaire et constante, l'homme a besoin d'une croyance religieuse. Dès lors que peut-on souhaiter de mieux à une société civilisée qu'une *religion nationale*, fondée sur de vrais sentiments du cœur humain conforme aux règles de la morale privée, consacrée par le temps, et qui, sans intolérance et sans persécution, réunisse sinon l'université, au moins la grande majorité des citoyens au pied d'un autel antique et respecté [1]. »

(1) Thiers, *Histoire du Consulat*, livre XII.

Ainsi ne l'entendait pas ce conseiller municipal de Marseille, convoqué au feu de la Saint-Jean, qui écrivait au maire de cette catholique cité :

Marseille, le 22 juin 1879.

Monsieur le Maire,

En réponse à l'invitation que vous me faites par votre honorée du 20 courant, je m'empresse de vous dire que je ne puis accepter l'honneur de faire partie du cortége qui partira samedi, à neuf heures, de la Mairie, pour se rendre au feu de la Saint-Jean.

A mon avis, un conseil républicain, sans être illogique, ne peut, en aucune manière, s'associer à une pareille cérémonie se rattachant aux rites surannés du paganisme. Cet usage, quelque traditionnel qu'il soit, n'est plus en harmonie avec les progrès de la libre pensée qui domine notre siècle. C'est une pratique superstitieuse dont on a perpétué le souvenir *au détriment de la saine raison et de la science ;* car ce

. Quand Œdipe, aveugle et vieilli, se présenta au seuil du temple à Colone, pour apaiser la Destinée, il portait d'une main une branche d'olivier et de l'autre un rameau funéraire.

Ou la régénération qui réhabilite, ou le dépérissement fatal qui conduit à la mort.

Qui a des oreilles pour entendre, comprenne, dirons-nous avec le divin Oracle de la vérité. (Math., xi, 15.)

souvenir est incarné dans le nom d'un saint qui figure au calendrier sous le nom de saint Jean.

Ce n'est donc que la perpétuation d'un fanatisme autrefois païen, aujourd'hui catholique.

Comme contribuable d'abord, et comme conseiller municipal ensuite, je proteste de toutes mes forces contre le gaspillage de l'argent jeté au feu de la Saint-Jean.

Agréez, etc.   Léonce JEAN.

(Petit Marseillais.)

CHAPITRE III

LE GOUVERNEMENT

I

Qu'est-ce qu'un gouvernement ?

Un gouvernement est l'organe essentiel et
principal de la vie d'un peuple. Cela posé, que
devient un peuple dont le gouvernement n'a pas
de religion ? C'est un être sans âme, un corps
sans tête. Les lois sont impuissantes à donner
l'animation intellectuelle, morale et matérielle.
Les potentats de la terre, monarques absolus,
rois constitutionnels ou présidents de républiques, perdent inévitablement de leur autorité
suprême et affaiblissent le prestige de la souveraineté, en professant l'irréligion. D'autant plus
que leur entourage, marchant naturellement

sur leurs traces, concourt à cette ruine na-
vrante.

Et lorsque je parle du gouvernement, je n'envisage pas seulement le chef de l'Etat, mais
bien tous ceux qui le représentent dans la hié-
rarchie administrative, fonctionnaires civils,
militaires, magistrats, percepteurs des impôts,
jusqu'aux gardes champêtres.

Mais, observons-le promptement, si le soleil
ne donnait plus sa brillante lumière, les astres
qu'il illumine s'éclipseraient bientôt en des ténèbres épaisses, et les habitants de la terre, dé-
concertés et tremblants, se pâmeraient d'épouvante.

Un chef d'État sans religion avérée et manifeste est un soleil obscurci.

L'Etat est une immense famille dont le chef,
qui en est le père, doit donner à tous l'exemple
du respect à l'autorité suprême, d'où émane la
sienne. *C'est par moi*, dit le Tout-Puissant dans
l'Ecriture sainte, *que les rois règnent et que les
législateurs formulent des lois.* (Prov., viii, 15.)

Chez tous les peuples, même les plus barbares, il y a une religion, au maintien et à la protection de laquelle veille attentivement celui
qui gouverne, soit en vertu d'un pacte séculaire,
soit par l'élection à la majorité des suffrages,
pour un temps déterminé. Voilà pourquoi se cé-

lèbrent des fêtes nationales ordonnées et présidées par les gouvernants, qui se font un devoir et un honneur de déployer tout le faste de leur grandeur pour les rendre plus pompeuses et plus splendides. Aussi notre malheureux pays éprouve depuis quelque temps le besoin de créer une solennité capable de ressusciter l'ancien esprit patriotique.

Ecoutons, à ce sujet, le *Constitutionnel* du 19 janvier 1877 :

« Il s'agit, nous dit-on, de fixer sur un souvenir historique une fête nationale. La France est un grand et glorieux pays depuis, à cette heure, près de quinze cents ans. Pourquoi ne pas chercher cette date favorisée et illustre dans les siècles heureux, où nous n'étions pas tristement divisés en légitimistes, en orléanistes, en républicains, en bonapartistes, dans les époques bénies où nous étions tous Français, rien que Français, formant un même cœur, ayant une même foi?

« Alors la fête pourrait devenir sainte pour n'importe qui d'entre nous. Elle ne porterait pas de cocarde ; elle n'insulterait ni ne provoquerait personne ; elle ne serait un défi ni un outrage aux croyances politiques ou religieuses de personne. Mais, hélas ! nous sommes si ignorants et si contempteurs de notre propre histoire,

que l'anniversaire le plus digne de nos hommages nous trouverait peut-être indifférents ou
railleurs.

. . . .

« Voilà évidemment où est le danger de chercher un motif de fête nationale dans le passé,
d'autant plus qu'il est surtout royal et catholique. Qui oserait mettre en avant pour ce concours les noms de Philippe-Auguste, de saint
Louis, de Jeanne d'Arc, de Henri IV, de
Louis XIV ? D'autre part, à limiter son choix
dans l'enceinte du dernier siècle, on court le
péril certain de froisser les trois quarts des
Français dans leurs sentiments intimes.

« Mieux vaut rester dans l'état où nous sommes et ne pas risquer, en cet ordre de satisfactions sentimentales, une aventure exposée au
ridicule. Il n'en est pas moins lugubrement singulier que nous soyons le seul peuple de l'Europe, et aussi de l'Amérique, dénué d'une fête
nationale et d'un chant national. Cela témoigne
de nos divisions fratricides actuelles et de l'impie mésestime dans laquelle nous tenons notre
passé, œuvre de quarante générations, dont nous
sommes les fils indignes et ingrats. »

Et si un gouvernement n'a pas le courage ou
l'intelligence de guider une nation vers la source
de la vérité, n'a-t on pas le droit de le proclamer

incapable, en l'accusant d'impéritie et de faiblesse coupable? Pour lui, être collectif, comme pour l'individu, les lois naturelles sont impuissantes à guider les intentions et les mouvements. Il lui faut ce moteur souverain qui stimule la conscience, la retient en des écarts désastreux, la sollicite constamment à l'action juste et bienfaisante, en l'éclairant sur des entreprises hasardeuses.

Un gouvernement imbu de la pensée religieuse combine sagement tous ses moyens moraux et matériels pour sauvegarder les intérêts, les droits, les forces et les dispositions heureuses de la nation. L'injustice et la fraude lui sont en horreur, et il les frappe sans pitié. Son autorité paternelle, alliant la douceur à la sévérité, sait tout disposer avec une admirable suavité. Sans doute il aura toujours des ennemis, mais la majorité satisfaite et contente l'entourera de ses hommages et lui assurera au besoin une imposante défense contre ses détracteurs criminels et insensés.

« Bien gouverner, écrivait, en 1869, le digne descendant de saint Louis, Henri V, auquel tous les partis reconnaissent un admirable caractère de loyauté, de franchise et de discernement politique, c'est s'appuyer sur les vertus de la France ; c'est développer tous ses nobles instincts ; c'est travailler sans relâche à lui donner ce qui fait les nations grandes et respectées ; c'est vouloir qu'elle soit la première par la foi, par la puissance et par l'honneur. »

La déplorable infortune des gouvernements modernes est de flatter les passions au lieu de les réprimer. Ils s'imaginent qu'il est bien plus facile de s'attacher les sujets, en caressant leurs penchants vicieux, plutôt que de les corriger par l'exercice des vertus domestiques et sociales.

C'est l'histoire du tigre apprivoisé par les viandes succulentes, qui, tout à coup, froissé dans ses appétits carnassiers comprimés, se dresse en rugissant contre celui qui l'a nourri, l'étrangle, le déchire de ses griffes aiguës et le dévore.

La première étude d'un gouvernement est de travailler à se faire aimer. Sans amour, point de dévouement réel et sincère. C'est là le nerf énergique qui réunit toutes les ressources d'un royaume entre les mains de celui qui dirige ses destinées, pour qu'il en dispose à son gré, en use suivant les circonstances et les mette à contribution comme bon lui semble, pour le bonheur de tous et la grandeur du pays.

Une fois que l'affection sympathique enchaîne le cœur des sujets à leur souverain, il s'opère alors une mutuelle transmission de vœux, d'aspiration, de secours, de générosité réciproque qui coopère puissamment au développement in-- tellectuel, moral et matériel, à l'élévation des caractères, et enfin imprime à la nation toute entière un auréole de noblesse qui éblouit les nations rivales, en leur commandant une respectueuse et craintive déférence.

Mais un gouvernement est d'autant plus aimé qu'il est plus rigoureux et sévère dans ses principes constitutifs et dans l'exécution des lois.

La sagesse d'un peuple se mesure à sa crainte de déplaire à son maître : *Initium sapientiæ timor Domini.* (Eccl., i, 16.)

Ce maître, jaloux de la prospérité de ses Etats, doit s'entourer d'hommes prudents et éclairés, pour maintenir en des mouvements réguliers la machine gouvernementale, dont les ressorts délicats sont si compliqués.

Ah! qu'il est aisé de se tromper dans un choix d'une si haute importance. Et, pour un Sully qui apparaît comme le modèle parfait des administrateurs, combien de Necker, orgueilleux et pleins de fatuité, qui, par leur incapacité flagrante, par leurs folles entreprises, par la fausseté de leurs calculs politiques, déshonorent le souverain qu'ils devraient aider avec zèle, et précipitent une nation dans un abîme d'indicibles infortunes!

L'Europe entière elle-même en est ébranlée.

Ah ! si le roi savait ! répétaient autrefois nos ancêtres. C'était là le cri d'une confiance illimitée, désespérée par la conduite répréhensible des agents subalternes de l'autorité suprême.

Oui, nous l'avons déjà dit au paragraphe xvi du chapitre Ier de ce volume, un chef de nation devrait tout savoir, tout connaître, tout apprécier. Les plaintes légitimes, comme les justes observations, sont essentiellement de son domaine. Rien de ce qui touche les intérêts généraux et particuliers n'est pour lui de minime considération. Les vers rongeurs des passions anti-sociales lui étant connus, il les écrasera sans pitié, voulant à tout prix éviter à ses sujets des calamités désastreuses.

Mais, direz-vous, comment exercer une surveillance aussi minutieuse et aussi profonde ? Les vingt-quatre heures du jour et de la nuit ne suffiraient pas à cette rude besogne.

Détrompez-vous. Enlevez d'abord les questions oiseuses et inutiles ; retranchez les bals, les soirées, les spectacles trop multipliés ; supprimez les chasses fréquentes ; chassez des antichambres les courtisans importuns, reléguez dans leurs officines malsaines les bavards empoisonneurs dont la parole flatteuse ressemble au venin de l'aspic et du basilic, formez des con-

seillers auliques, sages et désintéressés, divisés
en sections, préparant avec sollicitude les affaires et les plans à soumettre ; et vous verrez que
l'esprit du monarque ne fléchira pas sous le
poids des préoccupations administratives. Son
temps sera bien employé, mais il lui suffira.
Est-ce que Napoléon III n'a pas eu des heures
de loisirs pour composer la grande et belle *Histoire de Jules César ?*

En résumé, si les agents subalternes sont bien
choisis, laborieux et dévoués à leurs fonctions
respectives, que reste-t-il à faire au gouvernement, sinon à contrôler leurs actes? Avec ce
concours de travail et de fidélité, le maniement
des affaires et le maintien de l'ordre sont choses
faciles. « La France devrait être gouvernée par
des idées et non par des intérêts, » écrivait, en
1846, l'illustre Lacordaire [1].

Un gouvernement qui s'attire l'affection réelle
du peuple par son désintéressement à toutes
épreuves est un gouvernement solide et durable.
La bourse de certains potentats ressemble à un
gouffre sans fond où les millions avérés, sans
compter les millions inconnus, s'engloutissent
avec une épouvantable facilité ; alors qu'ils n'ont
à fournir qu'à leurs frais personnels, puisque le

1) Lettres inédites à M. de Saint-Beaussant, page 195.

budget, largement étendu, pourvoit aux diverses exigences publiques.

Quel sera le gouvernement loyal qui, en retranchant des dépenses exorbitantes, anéantira le cumul des charges et des traitements ? N'est-ce pas affligeant de voir des ministres à la fois sénateurs ou députés ; des généraux, des ambassadeurs, des magistrats en activité ou touchant de fortes retraites, siégeant dans l'une ou l'autre de nos assemblées, et retirant trois ou quatre fois des émoluments considérables de la caisse nationale, au grand détriment de nos intérêts pécuniaires [1]?

Il y a dans chaque administration des employés accablés par un labeur ingrat qui ont à peine de quoi vivre, tant leur solde est mesquine. Pourquoi un recteur d'Académie percevra-t-il jusqu'à dix, quinze et vingt mille francs, tandis qu'un malheureux instituteur ou une

---

[1] On commence à s'occuper un peu de ce que fait, dit et vote la *Skoupchtina* serbe, lisions-nous dans le *Soleil* du 6 août 1877. En deux mots, nos lecteurs sauront ce que c'est que la Skoupchtina.

C'est l'Assemblée nationale de Serbie, composée pour deux tiers de députés élus, et pour un tiers de députés choisis par le pouvoir exécutif.

Un bien joli détail : là-bas, les fonctionnaires publics et les avocats sont exclus de l'élection ; il ne leur reste que la ressource d'être des députés *agréables*, auquel cas ils peuvent être nommés par le prince Milan.

pauvre institutrice ont à peine sept cents francs ?
Et tant d'autres.

Voilà une plaie lamentable dont la guérison
rendra glorieux et immortel le gouvernement
qui l'accomplira. Qui nous délivrera de cette
troupe affamée de rongeurs, toujours prêts à
saluer le soleil levant, sans vergogne et sans
gêne ? Qui osera appliquer le fer chaud de la
justice sur la langue venimeuse des blasphéma-
teurs de nos droits et de nos devoirs sociaux,
qui trompent notre bonne foi et se font un
piédestal de leur audace pour renverser les
pouvoirs établis et escalader eux-mêmes le
sommet de l'échelle gouvernementale ? Qui,
enfin, ramènera la paix bienfaisante dans le
cœur de tous les Français, en les couronnant
de bonheur par le charme d'une intime et par-
faite concorde ?

Ce sera le gouvernement qui tiendra haute
et ferme la bannière sacrée de la vraie religion
et la fera respecter ; le gouvernement dont la
sollicitude paternelle convaincra les masses de
son désir de les rendre heureuses, en leur donnant l'exemple de sa soumission aux ordonnances divines.

Est-ce digne d'un Etat, je ne dis pas chrétien,
mais civilisé, de blesser l'opinion publique par
le travail du dimanche et des jours de fêtes ?

L'Angleterre protestante nous confondait à ce sujet depuis bien longtemps, lorsque l'Amérique, dont on invoquait la tolérance irréligieuse, a proclamé ses convictions par une loi répressive ainsi motivée :

« 1. La sanctification du dimanche est une chose d'intérêt public ;

« 2. Un utile soulagement des fatigues corporelles ;

« 3. Une occasion de vaquer à ses devoirs personnels et de réparer *les erreurs qui affligent l'humanité ;*

« 4. Un motif particulier d'honorer, dans sa maison et à l'église, Dieu, le créateur et la providence de l'univers ;

« 5. Un stimulant à se consacrer aux œuvres de charité, qui font l'ornement et la consolation de la société ;

« Considérant :

« *a)* Qu'il y a des incrédules et des gens inconsidérés qui, méprisant leurs devoirs et les avantages que procure à l'humanité la sanctification du dimanche, outragent la sainteté de ce jour en s'abandonnant à toutes sortes de plaisirs et en s'adonnant à leurs travaux ;

« *b)* Qu'une telle conduite est contraire à leurs intérêts comme chrétiens, et trouble l'esprit de ceux qui ne suivent pas ce mauvais exemple ;

« *c)* Que ces sortes de personnes font un tort à la société toute entière, en introduisant dans son sein des tendances de dissipation et d'habitudes immorales ;

« Le sénat et les chambres décrètent :

« 1. Il est défendu, le dimanche, d'ouvrir les magasins, les boutiques, de s'occuper à un travail quelconque, d'assister à aucun concert, bal ou théâtre, sous peine d'une amende de 10 à 20 schellings (12 fr. 50 à 20 fr. 50) pour chaque contravention ;

« 2. Aucun voiturier ou voyageur ne pourra, sous la même peine, entreprendre un voyage le jour de dimanche, excepté le cas de nécessité, dont la police sera juge ;

« 3. Aucun hôtel ou cabaret ne pourra s'ouvrir le dimanche aux personnes qui habitent la commune, sous peine d'une amende ou de la fermeture de l'établissement ;

« 4. Ceux qui, sans cause de maladie ou sans motif suffisant, se tiendront éloignés de l'église pendant trois mois, seront condamnés à une amende de 10 schellings ;

« 5. Quiconque commettra des actions inconvenantes à proximité ou dans l'intérieur de l'église payera de 5 à 40 schellings d'amende.

« L'exécution de ce décret est confié aux employés de police choisis tous les ans par les communes. »

Entendons maintenant les prescriptions d'un païen, du philosophe Platon : « Qu'il n'y ait pas moins de trois cent soixante-cinq sacrifices par an, écrit-il à la page 236 des *Lois*, en sorte que, chaque jour, *un des corps de la magistrature* en offre un pour l'Etat, ses habitants et tout ce qu'ils possèdent.

Le gouvernement du royaume très chrétien ne peut pas dégénérer, et tomber avili sous le mépris des gouvernements étrangers, schismatiques, hérétiques et même païens.

« *Allez à la fourmi*, s'exclame le Sage au sixième livre des Proverbes, *considérez ses mouvements, examinez ses actions intelligentes et apprenez d'elle la sagesse.* » Vous serez surpris, étonné de tant de perspicacité, de prudence et d'adresse.

Eh bien ! dirons-nous aux utopistes créateurs de gouvernements aussi éphémères que leurs ridicules constitutions, allez jusque vers la ravissante principauté de Monaco, ce royaume modèle en miniature. Là règnent la dignité, l'ordre, la sagesse, l'intelligence et la paix, sous le sceptre paternel d'un prince éminemment religieux et doué de cette haute intuition administrative qui fait le bonheur d'un peuple.

Charles III veille sur les intérêts moraux et matériels de ses sujets avec une sollicitude incessante, dont il est largement récompensé par un amour sans bornes. Le contentement intime rejaillit sur toutes les physionomies. On voit que cette population satisfaite goûte les charmes de la civilisation et de la prospérité, libre d'impôts, de redevances et de corvées pénibles. Une exquise urbanité se reflète dans les actes des divers agents du pouvoir, dont la tenue est irréprochable. Depuis le gouverneur général jusqu'au plus humble employé, tous dignes et gracieusement polis, vous accueillent avec un accent d'aimable courtoisie qui vous enchante. La police vigilante et la force publique y maintiennent l'exécution des lois, que la magistrature respectable sait interpréter et appliquer sans esprit de parti.

Que dirai-je de l'instruction et de l'éducation de la jeunesse et de l'enfance? Elles y resplendissent dans tout l'éclat de la gratuité et de la popularité, et en des locaux merveilleusement adaptés aux salles d'asile et aux classes dirigées par des maîtres et des maîtresses habiles et dévoués.

Outre l'organisation bienfaisante des secours à domicile, les pauvres, les infirmes, les vieillards et les orphelins trouvent des refuges dûs à la munificence souveraine, où rien n'a été négligé.

Gouvernement français, éclairez-vous! Le peuple, comme l'affirme avec vérité un ardent défenseur de nos institutions compromises, au fond de ses entrailles, a *faim et soif* d'un gouvernement stable et définitif, autant que moral et digne [1].

« Gouverner, s'écriait à Notre-Dame de Paris l'éloquent Lacordaire, c'est diriger des êtres libres vers leur fin. Je dis êtres libres, car des êtres qui ne le sont pas, étant assujettis à une loi irrésistible et fatale, n'ont pas besoin d'être gouvernés. Ils agissent le second jour comme le premier, le troisième comme le second, et l'éternité les retrouve, sans qu'il leur en coûte rien, au point même de leur commencement. Ne touchez pas à cette mécanique, ne vous en occupez pas ; elle a reçu de Dieu une impulsion qui lui suffit, et qui ne s'arrêtera que sur un ordre dont la souveraineté ne rencontrera pas plus d'obstacles que n'en a rencontré le mouvement. Telle est la nature, et c'est pourquoi la nature, si nous la considérons en dehors de ses relations avec l'humanité, n'a pas besoin d'être gouvernée : elle va toute seule, sous le joug pe-

____

[1] M. Amédée Peyron de Mazan (Vaucluse), *Un dernier mot au bord de l'abîme*, p. 13.

:sant des lois mathématiques, qui sont sa règle immuable et son éternel frein. Là où sont les mathématiques, le gouvernement n'a point de place, et c'est la raison qui fait que les esprits accoutumés à ce genre de spéculation sont généralement de très pauvres gouverneurs d'hommes, parce qu'ils ignorent les choses qui résistent, et que la liberté échappe par son essence même à tous les calculs. C'est de la liberté que naît le gouvernement : le gouvernement est la direction des êtres libres vers leur fin [1]. »

II

Les employés du gouvernement

Le choix des employés mérite un soin particulier de la part d'un gouvernement qui se respecte et qui tient à être respecté. Les percepteurs des impôts comme les agents de la sûreté publique doivent contribuer par leurs qualités personnelles à rendre la majesté du pouvoir suprême digne, aimable et incontestée. Une intègre probité les distinguera surtout et les élèvera au-dessus des mesquines compétitions de

(1) *Conférences de Notre-Dame* (1851), 1er discours, p. 383.

l'orgueil et de la basse jalousie. Inflexibles à remplir leurs devoirs, ils sauront en exercer le cours sans rudesse et sans morgue, mais toujours avec politesse envers ceux qui se croient blessés et envers les ignorants, qui souvent ne comprennent pas les prescriptions légitimes de la loi.

Or, pour accomplir noblement ses fonctions, un employé, quel qu'il soit, a besoin d'une conscience irréprochable.

La conscience, ce régulateur inflexible de nos actions, s'arrête inévitablement dans ses mouvements, et devient insensible, si le sentiment religieux ne l'anime pas.

Pour trente deniers, le traître Judas livra son Maître à ses ennemis.

Quand on a sous la main des monceaux d'or, et que le plaisir ou la gloriole vous pressent de leurs étreintes perfides, il est bien difficile, humainement parlant, de ne pas être terrassé. Après tout, voler le gouvernement est une pécadille bien permise : il est assez riche. Mais ce vol, quelque minime qu'il puisse être, atteint tous les citoyens, puisque ce sont eux qui fournissent aux dépenses nationales. En ravissant une seule obole à la caisse publique, non seulement vous frustrez le trésor de l'Etat, mais encore vous attaquez les intérêts de tous.

Il y a tant de ruses et de moyens inconnus pour remuer les chiffres et les aligner correctement aux yeux même des examinateurs les plus perspicaces.

Tel receveur des taxes porte à la boutonnière le ruban rouge de la Légion d'honneur qui mériterait le stygmate de l'opprobre.

Mais, direz-vous, le cautionnement versé n'est-il pas une garantie suffisante, sans recourir au sentiment religieux ? Non, parce que ce cautionnement équivaut souvent à peine au dixième des sommes que l'employé peut manier.

Ah ! l'argent, ce vil métal est le mobile entraînant des condescendances désastreuses. Il corrompt les âmes les plus probes qui s'affranchissent du joug de la religion.

Pour quelques pièces de monnaie, le désordre peut troubler la société et quelquefois emporter un gouvernement ; nous l'avons vu. Il suffira qu'un gardien de la paix ferme les yeux sur une société clandestine, qui complote alors tranquillement et étend peu à peu son réseau destructeur.

Combien de grands criminels ont échappé à la justice en franchissant la frontière, grâce à l'appui d'un policeman indemnisé de sa complaisance coupable.

Un employé consciencieux par religion ne

supportera jamais le moindre déchirement à sa consigne. La plus légère altération au mot d'ordre du gouvernement soulèvera son indignation ; il ne faillira jamais.

Malheureusement l'indécision de l'avenir frappe de vertige les employés amovibles, et ce sont là les plus nombreux. Les changements perpétuels de ministères, presque aussiôt morts-nés que formés, tiennent sur leur tête tremblante leur renvoi immédiat, comme une épée de Damoclès. Incertains du lendemain et soucieux de leur bien-être, ils composent facilement avec leurs obligations.

Et que serait-ce si le gouvernement lui-même leur imposait des actes pernicieux? Oh ! alors, il n'y aurait plus à compter avec la moralité : la fin du monde serait proche.

III

La magistrature

Quand on pense au corps recommandable de la magistrature, soutien du pouvoir et gardien de la loi, l'esprit se représente immédiatement ces graves sénateurs romains assis sur leur chaise curule, préférant les outrages et la mort même plutôt que de renier leur mandat.

Il y a, entre le magistrat et la société, un quasi-contrat qui l'oblige à rendre la justice avec discernement et à frapper les délinquants d'une punition méritée. Détracteur deviendrait-il lui-même, s'il la violait dans sa légalité ou dans sa commutation. Il ne doit céder ni à l'amour, ni à la haine, ni à l'intérêt. Son incorruptibilité inattaquable est la garantie de l'application loyale et de la sage interprétation des lois. Et ici, que de difficultés.

Dans les affaires criminelles, si le forfait n'est pas bien constaté, innocentera-t-il l'accusé?

Quand le double doute de propriété et de possession est soulevé, avec preuves équivalentes également probables de chaque côté des parties licitantes, n'est-il pas obligé, en conscience, de diviser la chose contestée?

La condition si stricte de la possession aura-t-elle de l'influence sur son jugement?

A combien d'hésitations amères le magistrat intègre n'est-il pas soumis?

Comment résoudra-t-il le grand problème de la justice impartiale qu'ébranlent tant de sollicitations importunes souvent victorieuses?

Eh! s'écriera-t-on, s'il est probe, le magistrat ne sera pas embarrassé.

Erreur profonde, aussi pernicieuse dans ses conséquences que dans son origine ; car, déclarons-le franchement, point de probité sans religion. La religion est l'unique principe certain de tous les devoirs de la véritable probité. L'Ange de l'école le proclame. La religion, s'écrie-t-il, est un lien sacré qui nous attache au Grand Maître de la justice. Or, en lui sont réunies, comme dans leur centre, les diverses obligations qui lient les hommes entre eux par le commerce incessant d'une étroite société. Impossible donc d'être uni au Créateur par un culte religieux, sans avoir, en même temps, avec la créature les liaisons de justice qui, selon l'opinion publique, révèlent le magistrat honorable et l'homme d'honneur.

Quand le Tout-Puissant, ajoute Bossuet, nous commande *de n'adorer et de ne servir que lui seul*, cette restriction *lui seul*, au lieu d'exclure les exigences de la vie civile, les embrasse toutes en un réseau divin, les affermit, les maintient énergiquement en les autorisant dans toute leur étendue.

En vertu de cette loi, le magistrat fait rendre à chacun ce qui lui est dû, l'honneur à qui appartient l'honneur, le tribut à qui revient le tribut. Dès lors, il considère ses devoirs comme des rayonnements de l'immortelle justice à laquelle

il rend hommage. Il s'arme d'une rigueur inflexible, au besoin, pour ne jamais le trans-
gresser.

Quelle tranquillité pour la société, s'exclame
saint Grégoire au quatrième livre de sa *Morale*,
si les juges agissaient toujours par le principe
religieux, *le premier mobile* de l'univers. Prenez
garde, ce ciel que nous appelons premier mobile possède une attraction si forte, qu'il fait
rouler avec lui tous les autres cieux, pénètre la
terre d'une influence féconde et entretient par
son mouvement l'harmonieux concert des mondes.

S'il s'arrêtait, la nature entière se disloquerait
dans l'excès du trouble et de la confusion.

Ainsi, quand le principe religieux se détruit
ou s'altère dans l'esprit du magistrat, n'y cherchez plus la régularité de la conduite, l'honnêteté des mœurs, du moins l'honnêteté constante
et générale.

Mais la raison n'est-elle pas assez puissante ?
La raison humaine est en péril, écrit un philosophe moderne, et ce péril, trop peu signalé et
trop peu connu, est l'une des plus redoutables
menaces du temps présent.

On se plaignait de l'indifférence en matière
religieuse ; depuis nous avons fait un pas dans la
décadence intellectuelle, et l'on peut se plaindre

aujourd'hui de l'indifférence en matière raisonnable. La raison n'est plus une force libre. Victime de l'anarchie des mots, des arguments et des images, des illusions et des mensonges, des emportements et des passions de la pensée, elle succombe sous l'effort des invisibles multitudes qui luttent dans chaque esprit [1].

Fiez-vous simplement à la raison du magistrat?

Le pouvoir lui-même s'en méfie, puisqu'il exige la prestation du serment ; caution indispensable contre les incessantes tergiversations dont les défenseurs des lois peuvent devenir le jouet.

Dans le sanctuaire de la justice domine l'image sainte du Rédempteur, qui crie à ceux dont il inspire les décisions : *Ne cherchez pas à juger, si vous n'avez pas la vertu de sévir contre l'iniquité.* (Eccl., VII, 6.)

Pourquoi, chaque année, à la rentrée des tribunaux, les diverses cours de justice se rendent-elles à une messe solennelle pour implorer les lumières de Saint-Esprit ? N'est-ce pas là une protestation manifeste contre le flot montant de l'indifférence religieuse qui bat en brèche la force de cette grande et dernière institution po-

____

(1) Gratry, *Connaissance de Dieu*, t. Ier.

litique de l'ancienne France, qui, dans la France moderne, toujours menacée, a survécu à tous nos bouleversements sociaux?

Le devoir d'un gouvernement protecteur est de veiller attentivement sur la conduite et les tendances morales des dépositaires de sa puissance législative. Exiger d'eux la science sûre de la jurisprudence n'est pas suffisant. On peut connaître à fond les savants travaux des jurisconsultes célèbres, Barbeyrac,. Cujas, Dumoulin, Domat, Denisart, Merlin et Pothier ; analyser et commenter le droit romain, les *Pandectes* de Justinien, les *Novelles* de Théodose, le droit coutumier, civil, criminel, international; mais si ce savoir profond n'est pas animé par la flamme du sentiment religieux, il sera semblable au flambeau de marbre et de belle forme qui n'est pas éclairé. A quoi sert-il? A parer le chandelier d'or de l'orgueil.

Malheureusement nos gouvernements bâtards ont altéré la dignité de la magistrature, en la fourvoyant dans les sombres entêtements de la politique. L'inamovibilité, à certaines heures, a été même abolie avec une légèreté étourdissante. A chaque renversement d'un ministère, les magistrats, comme les préfets et les sous-préfets, ont tremblé sur leurs siéges, craignant une destitution ou un changement. Souvent des jeunes gens sans expérience remplacent inopinément des hommes vieillis dans l'art si difficile de l'application des lois.

Un gouvernement religieux s'abstient rigoureusement de troubler la liberté de la magistrature, par le choc des idées politiques, ramenant aussi à leurs devoirs de neutralité complète ceux de ses membres qui les trangressent inconsidérément.

Sinon c'est l'avalanche des désastres entrevue avec effroi par le prophète Jérémie, quand il s'écriait : « *Peuples, gémissez et pleurez, la collision a éclaté entre vos chefs et vos magistrats.* » (Jerem., ii, 23.)

IV

Surveillance de la presse

S'il est une question épineuse, grave et difficile pour un gouvernement, c'est bien celle de la presse. Tous les citoyens, quel que soit leur talent, leur rang et leur fortune, ont-ils le droit de livrer à la publicité les élucubrations de leur intelligence, sans subir aucun contrôle ? Non, ce serait absurde. C'est comme si chacun pouvait librement composer des liqueurs malfaisantes et les distribuer.

Certainement la liberté de la presse est un des éléments les plus actifs de la civilisation et du progrès. Mais cette liberté, comme celle de tout Français, doit reposer sur le principe religieux, soutenue et corroborée par le respect des institutions légales, ne s'ingérant jamais dans les combinaisons politiques. Evitant surtout d'attaquer les personnalités, elle ne dégénérera pas en une licence effrénée qui jette la perturbation dans les esprits et dans les cœurs.

Dans les esprits, par des idées attentatoires à la paix publique ; et dans les cœurs, à l'aide de doctrines perverses cachées sous les fleurs attrayantes de récits romanesques et immoraux.

Non seulement le gouvernement a le droit de contenir ces torrents perturbateurs, mais c'est son devoir le plus rigoureux d'élever contre eux des digues infranchissables, afin que la dévastation soit arrêtée à temps.

A quoi bon ces discussions quotidiennes, que chaque parti envenime avec une acrimonie délirante, et qui ne cessent d'entretenir la haine ? Tous les matins nous prenons notre journal favori avec avidité, pour dévorer une tartine plus ou moins sentencieuse et formaliste appelée *Premier-Paris*, doublée du beurre de l'opinion

exaltée, avec abus de mots prétendus sacramen-
tels, souvent répétés et renouvelant à plaisir les
mêmes aphorismes.

C'est le tam-tam de la comédie à laquelle nous
sommes tous heureux d'assister, en applaudis-
sant aux acteurs de notre prédilection et en sif-
flant les personnages d'une scène qui nous dé-
plaît. Là, on invente des histoires lamentables
pour donner gain de cause à des idées précon-
çues et fixes. Ici, ce sont des cris déchirants sur
les abus d'un pouvoir tyrannique ; demain, on
chantera la palinodie avec un accent trompeur,
en invoquant des antécédents invraisemblables.
Puis les rédacteurs des feuilles les plus pacifiques se déchireront à belles dents, ne craignant
pas de se donner en spectacle à un parterre rail-
leur et goguenard.

Est-ce digne du premier peuple du monde,
comme nous nous enorgueillissons de nous
qualifier? Et n'est-ce pas une obligation pour
un gouvernement de réprimer ces étranges
conspirations de la plume trempée dans les en-
criers multicolores ?

Certainement, pour la littérature comme pour
les sciences et les arts, la liberté de la presse
est un bienfait suprême. Quelle immense propagation de la pensée, quelle vaste diffusion de la
lumière intellectuelle, quel mouvement prodi-

gieux de la raison, du bon sens et du jugement se livrant entre eux des assauts savants, paisibles et pleins de profit pour l'honneur français.

Du choc des idées jaillissent les étincelles brillantes des conceptions souvent sublimes.

Mais si, par malheur, libre cours est laissé à la presse, sur l'océan tempétueux de la politique, oh! alors le branle-bas du navire social devient formidable. Les craquements intérieurs qui se font entendre présagent une dislocation prochaine. La cohue des déclassés pousse des clameurs étourdissantes; les hurlements des pamphlétaires retentissent de toutes parts, en suscitant les plus folles alarmes. La patrie est en danger.

O gouvernements faibles et timorés! quand donc musellerez-vous ce monstre dont vous redoutez justement les attaques, et que vous caressez même en lui jetant en pâture des concessions désastreuses et des décorations honorifiques!

Hélas! hélas! mille fois hélas!

Est-ce qu'un gouvernement n'est pas obligé de nous crier gare devant cette avalanche de mauvaises publications qui écrasent tant de bons sentiments et mettent en déroute les caractères les mieux doués? Non seulement il lui incombe de crier gare, mais il doit empêcher l'entassement de ces matériaux lourds et infects qui se confectionnent librement en des boutiques d'immoralité et d'athéisme.

Evidemment il faut repousser les livres qui attaquent Dieu, la religion, la famille ; toutes ces friandes petites brochures qui courent les rues, et qui ne se font remarquer que par leur scandaleuse littérature. C'est l'absinthe de l'esprit, de l'imagination, du cœur et surtout de l'âme ; comme cette liqueur amère, les lectures perverses donnent le vertige, la folie, puis la mort.

Il y a certains auteurs que ma plume se refuse de nommer ici, mais dont le nom est une marque de fabrique suffisamment connue pour qu'un gouvernement qui se respecte et qui aime le peuple ne les laisse désormais travailler à la destruction de ce qu'il y a de plus saint et de plus nécessaire à la vitalité sociale. Sous aucun prétexte, des élucubrations immorales ne doivent être permises.

Mais ce qui est difficile à reconnaître, c'est le poison imperceptible qui se glisse avec art, sous l'enveloppe de certains beaux sentiments et le couvert d'une littérature séduisante et correcte.

Tel a été et tel est encore l'appât du roman. Sa vogue, écrivait en 1843 un impitoyable et juste critique de nos aberrations sociales, sa vogue était acquise aux descriptions des misères les plus dégoûtantes. De là cette école de coloristes dont l'idéal consiste à outrer les difformités de la nature humaine. Autant les anciens recherchaient le beau en toutes choses, autant cette école recherche le monstrueux. Elle nous traite en convives blasés dont le goût ne se réveille qu'aux ardeurs de l'alcool ou au feu des épices. Ses émotions violentes, les passions échevelées, les sentiments impossibles, les imprécations, les blasphèmes entrent pour beaucoup dans l'art d'écrire tel qu'on le comprend aujourd'hui. Sa révolte contre la société anime les conceptions les plus applaudies.

Le roman prend un caractère de protestation de plus en plus impérieux et universel : il proteste contre le mariage, il proteste contre la famille, il proteste contre la propriété : il ne lui reste plus qu'à protester contre lui-même. Partout se retrouve la prétention de rendre la civisation responsable des fautes de l'individu et d'abolir le devoir personnel pour mettre tout à la charge du devoir social. Les romanciers appellent cela poser des problèmes au siècle. Problème singulier que celui d'organiser un monde où les passions seraient sans frein et sans contrainte ! La société actuelle a le tort impardonnable de ne pas laisser aux instincts sensuels une entière liberté ; aussi se montre-t-on inflexible à l'égard d'un régime entaché de tant de rigorisme et d'intolérance.

Le roman ne s'en est pas tenu là : de l'élégie il a passé au drame. Désormais ce n'est plus sur la compassion qu'il s'appuie, mais sur l'horreur. Au lieu de parcourir les replis du cœur pour vérifier combien il renferme de sentiments dépravés et d'idées malsaines, le roman s'égare à la découverte des bouges les plus infects et des existences les plus immondes : il se propose de prouver par la description des mauvais lieux, et l'usage d'un cynique idiôme, jusqu'à quel degré d'avilissement l'homme peut descendre et de quel ignoble limon il est pétri. Il n'est sorte de corruption souterraine et d'obscénités mystérieuses dont il ne se fasse l'écho. Les régions où l'on parle la langue du bagne n'ont plus de secrets pour lui ; il s'est chargé de diminuer la distance qui sépare le monde criminel du monde élégant. C'est presque un cours d'éducation à l'usage des lecteurs de livres frivoles ; ils peuvent y apprendre l'art compliqué des effractions et des escalades. Les grands scélérats ont le droit d'être fiers de cette fortune qui leur arrive. Une tribune leur est ouverte, un auditoire de belles dames leur est acquis.

La vogue est à eux, ils semblent l'avoir fixée, et ils en abusent ; ils ont des romanciers, et ils auront des poètes ; bientôt il ne leur manquera plus qu'une illiade, où éclatent toutes les beautés de l'argot.

Voilà où nous en sommes, grâce aux écarts du roman. Naguère, il se contentait de tresser des couronnes au vice ; aujourd'hui, il élève un piédestal au crime. Qui peut dire où s'arrêtera cette étude des existences exceptionnelles, cette excursion dans les repaires du vol et de l'assassinat ? Comme le meurtrier y devient intéressant ! Comme la prostituée y gagne du terrain dans l'opinion ! Le meurtrier à l'instinct profond du devoir ; la prostituée respire cette grâce frêle et délicate qui n'échoit qu'aux races privilégiées. Le roman a si bien fait, que ces deux figures n'inspirent plus ni éloignement, ni répugnance. On s'y habitue sans peine : le suffrage des boudoirs adopte une débauche si agréable et un attentat si charmant ! De là aux sombres épisodes et aux expéditions sanglantes, il n'y a plus que des nuances et des transitions. On les franchit, et les coups de poignard, le dévergondage hideux, la corruption la plus repoussante, celle de l'enfance, sont acceptés au même titre et accueillis avec la même faveur. L'assassin pose, et le beau monde applaudit ;

le malfaiteur a son jour de Capitole, et il chante
un hymne qui ne semble pas prêt de finir.

Sérieusement, c'est là un des plus douloureux
spectacles auxquels une époque puisse arriver, et
un genre de séduction plus dangereux qu'on ne le
suppose. Il y a dans le crime on ne saurait dire
quelle volupté dépravée dont il ne faut pas réveil-
ler le goût, et la prudence la plus vulgaire con-
seille de jeter un voile sur les monstruosités exceptionnelles. Toute civilisation a des égouts, qui
ne le sait ? Mais un peuple à part les habite, et
personne n'est tenu d'en visiter les profondeurs.
Croit-on inspirer à l'homme le désir du bien,
la passion des grandes choses, en l'initiant à
des turpitudes qui ne devraient jamais souiller
son oreille ou sa vue ? Est-ce là un enseignement qui puisse satisfaire autre chose qu'une
misérable et futile curiosité ? Que l'on ouvre les
livres où sont écrits les grands noms littéraires,
et l'on verra si aucun d'eux a dérogé au point
d'écrire une telle histoire et de tracer de pareils
tableaux. Deux hommes seulement ont abordé
cette question, cette tâche, avec un succès que
leurs plagiaires obtiendront difficilement : on les
nomme Mercier et Rétif de la Brétonne. Qu'est-
il resté de leurs œuvres ? Qui se souvient du
Tableau de Paris, livre pensé dans la rue et écrit
sur la borne, comme le disait Rivarols ? Qui

connaît les *Nuits de Paris*, ce cauchemar en quatorze volumes, où l'auteur passe en revue les antres de la débauche et du crime, sans reculer devant aucun détail, sans faire grâce au lecteur d'une seule impureté ? Ces écrivains ont été aussi des héros de leur temps. Où sont-ils aujourd'hui et qu'est devenue leur gloire ? Ceux qui les suivent et les imitent auront le même sort ; rien ne vit ici-bas que par l'idée morale. Le rôle d'un écrivain n'est pas de remuer la fange de la civilisation et de poursuivre en l'honneur du crime un idéal impossible et impie. C'est un soin qu'il faut laisser aux sténographes des cours d'assises, chargés de rendre le forfait dramatique et l'échafaud intéressant [1].

Et les pièces de théâtre passeront-elles aussi par la censure gouvernementale ? Certainement. Pour vous prouver cette nécessité, lisez, s'il vous plaît, la page suivante du discours de réception à l'Académie française d'un immortel qui prétend faire de la morale au théâtre, en présentant souvent les sujets les plus scandaleux :

« Puisque vous avez eu la bonté — quelques-uns demain diront l'imprudence — d'ouvrir votre porte à un des hommes dont les œuvres

[1] M. Reybaud, *Revue des Deux Mondes,* 8 mars 1843.

ont été ici-même, et sont encore en quelques endroits accusées d'immoralité ; puisque cet homme a une occasion solennelle, unique dans la vie d'un écrivain, de défendre ses idées devant vous, c'est-à-dire devant le tribunal le plus éclairé et le plus compétent, permettez-lui de répondre à cette accusation de moralité littéraire qui pèse sur lui et *sur un grand nombre* de ses confrères, et par commencer de prendre à partie cette fameuse phrase qui nous poursuit partout : Pourquoi conviez-vous nos femmes et nos filles à de pareils spectacles ?

« D'abord, Messieurs, nous ne convions personne à venir entendre nos comédies et nos drames. Y vient qui veut.

« Quant aux femmes, nous n'avons pas besoin de les inviter à venir au théâtre ; elles y viennent bien toutes seules, et elles ont raison, puisque c'est là qu'on s'occupe le plus d'elles.

« Les jeunes filles, c'est autre chose ; *nous ne les convions jamais.* Il n'y a pas de contrat possible entre nous et ces âmes délicates, qui n'ont d'exemples et de leçons à recevoir que de leur famille ou de leur religion [1]. »

Elle est grande la responsabilité d'un gouvernement qui supporte des représentations

_____

[1] Alexandre Dumas fils, 1874.

théâtrales où, tout en blâmant et condamnant le vice, on ne l'expose pas moins dans son horrible nudité et dans ses applications dangereuses.

« Il n'est question au théâtre ni de vertu, ni de raison, ni de saine morale, mais seulement d'exciter les passions, et par cet objet même le théâtre est essentiellement vicieux. Ce sont les passions qui bouleversent et détruisent tout dans l'ordre social ; les passions sont par leur nature ennemies de l'esprit créateur et conservateur, et il est très singulier que dans les associations civiles il y ait des établissements formés tout exprès pour exciter les passions. Hélas ! elles ne sont que trop faciles à exciter, trop difficiles à contenir ; *et les gouvernements qui ont assez d'art et d'habileté pour leur opposer un frein puissant sont ceux dont l'existence est la plus ferme et la plus durable ;* par la raison que les corps physiques qui éprouvent le moins de secousses et de trouble dans leur organisation sont ceux qui vivent le plus longtemps [1]. »

Non seulement nos gouvernements français tolèrent des tragédies et des drames dans lesquels l'immoralité la plus révoltante le dispute au barbarisme d'un langage absurde, mais

______

(1) Geoffroy, *Traité de littérature.*

encore ils subventionnent largement ces écoles dangereuses. Et les communes de France, suivant cet exemple de haut lieu, votent aussi des sommes énormes pour l'entretien des théâtres. Pourquoi ne pas laisser ce soin à ceux qui les fréquentent ? Que les riches qui veulent se donner le plaisir d'assister au spectale délient leur bourse, rien de plus naturel. Néanmoins, les souverains doivent pour eux aussi user de leur pouvoir, en n'admettant que les pièces dignes et nobles.

Par la liberté illimitée de la presse se produit aussi cette inondation de chansons obscènes, platement rimées, distribuées gratis souvent, et qui inoculent chez les enfants le virus anti-social et immoral, en perpétuant parmi le peuple des contes et des fables dûs à l'invention de quelques imaginations dévergondées.

Qui osera affirmer que le gouvernement n'a pas le droit de surveillance sur la presse, à la vue de ces innombrables ravages ?

V

Les lieux de réunion, les cafés, les bals et les fêtes

L'excès en tout est un défaut. Défendre les réunions, abolir les cafés, supprimer les bals et les fêtes serait attenter à la liberté. Mais un gouvernement digne et moral méconnaîtrait son honneur et mépriserait ses gouvernés, s'il n'étendait pas sa vigilance sur la tenue, les règlements et les programmes de ces divers amusements et de ces lieux de réunion.

Ces lieux de réunion sont d'abord trop nombreux. On comprend que chaque groupe de la société française ait son cercle où il puisse librement et plus facilement traiter ses affaires et passer gaîment quelques heures agréables : soit en conversations intéressantes, soit en des jeux récréatifs. On comprend aussi que dans une grande ville, à chaque quartier populeux, s'élève un cercle, un café pour les diverses agglomérations sociales. Mais que pas une rue ne compte un et même plusieurs de ces lieux de réunion, c'est vraiment une calamité publique à laquelle tout bon gouvernement doit imposer un terme.

Nos aïeux nous l'ont cent fois répété : jadis on ne connaissait pas ces établissements où l'argent si péniblement gagné se fond sous la main, et où surtout les mœurs et les sentiments reçoivent des altérations si préjudiciables. Jadis encore la porte des rares salles de réunion était irrévocablement fermée aux jeunes gens qui n'avaient pas atteint l'âge de vingt-et-un an. Nos assemblées de famille sont désertées, parce que les

jeunes ne sont plus assez aimables pour sacrifier, — quel sacrifice ! — une soirée de temps à
autre pour leurs mères, pour leurs sœurs, leurs
cousines, leurs amies d'enfance, dont la conversation n'est pas aussi pimentée que les *londrès* et
le vermouth.

« On caracole, écrivait en mai 1874, le spirituel causeur de la *Revue des familles*, le cigare
aux lèvres, à la portière de la voiture d'une
actrice en renom. On trouve rococo de prendre
place dans la calèche de famille, en face de sa
mère à la figure vénérable, à côté de ses sœurs à
la toilette honnête et convenable. »

— Arthur, mon ami, j'ai rencontré votre mère
au bois, disais-je à un jeune homme que j'ai
connu tout enfant ; elle était seule et cependant
je vous ai aperçu quelques instants après en
joyeuse compagnie. Il me semble que votre digne
mère eût été heureuse et fière de vous voir à
côté d'elle, et vos sœurs eussent été bien aises
de votre présence protectrice, qui leur eût permis
de s'égayer décemment dans leur promenade.

— Ah ! que voulez-vous ? D'abord, avec dames
on ne peut pas fumer.

— Beau prétexte que vous autres, jeunes gens,
invoquez à chaque instant. Mais, voyons, vous
ne pouvez pas rester deux heures sans fumer ?

« Et puis, mon cher Arthur, votre raison n'est qu'un mauvais prétexte ; je connais assez la... faiblesse de votre bonne mère et l'indulgence de vos charmantes sœurs pour affirmer qu'elles feraient le sacrifice de vous laisser fumer pour avoir le bonheur de vous posséder pendant une de leurs promenades.

— Eh bien ! voulez-vous la vérité ?

— Oui, dites, mais la vraie.

— La vérité vraie est qu'on ne peut rien dire devant ces demoiselles : la conversation n'a pas de *chien*.

— Oh ! mon Dieu ! qu'est-ce que vous dites-là ? Voilà une singulière expression. Oui, je comprends, le *chien* est à la conversation ce que le tabac est à la parfumerie, ce que l'absinthe est aux rafraîchissements de nos soirées, ce que l'ail est à la cuisine.

« Vos tempéraments trop excités, jeunes hommes, ne peuvent plus apprécier la délicatesse, la grâce des bonnes manières françaises, qui tendent à disparaître chaque jour de notre cher pays. »

Pourquoi les jeunes gens ont-ils ce sans-façon, ces habitudes dissipées ? C'est qu'au foyer domestique ils n'ont rencontré leurs pères qu'à de rares moments. Les hommes d'aujourd'hui n'ont-ils pas la triste habitude, après avoir passé toute leur journée dehors, à leurs affaires, de rentrer harassés un quart d'heure avant le dîner de famille, et combien n'y font que de courtes apparitions. Le repas à peine terminé, Monsieur va au cercle et rentre bien avant dans la nuit ; quelquefois l'aube éclaire son coucher.

On est allé jusqu'à fonder des académies de billards, afin de mieux initier la jeunesse française au jeu et à la dépense [1].

Or, si les cercles et les cafés étaient moins nombreux, est-ce que les ménages ne deviendraient pas plus heureux? Est-ce qu'alors ne s'opérerait pas la régénération de la vraie vie de famille, qui calmerait les passions, et qui contribuerait à ramener dans le monde le culte sacré de Dieu et de la patrie?

Malheureusement les gouvernements, tou-

[1] On lit, en effet, dans le *Petit Marseillais* du 17 février 1877 :

« Nous apprenons que M. le maire de Marseille serait dans l'intention de prendre un arrêté réglementant les établissements connus sous le nom d'académies de billards.

« Cet arrêté serait pris sur la proposition de M. le commissaire central, auquel de nombreuses réclamations sont parvenues au sujet de ces établissements.

« Il serait désormais enjoint aux gérants de ces académies de fermer leurs portes à minuit.

« Défense leur serait faite de recevoir des jeunes gens âgés de moins de dix-huit ans. Les paris seraient également interdits de la manière la plus formelle. Toute contravention à cet arrêté serait poursuivie devant les tribunaux compétents.»

jours en éveil par la peur de tomber, répètent l'adage : « Laissez le peuple s'amuser, il ne conspirera pas. » Quelle erreur désolante ! La conspiration s'ourdit avec d'autant plus de facilité, qu'elle trouve plus de lieux pour tenir ses conciliabules.

Multiplions les débits de boissons, disait-on, il y a quelques années ; ainsi, par les libations d'alcools offertes en plein vent, nous arrêterons la monomanie de renverser le pouvoir. Mieux valait dire : nous énivrerons la société, pour nous faire dévorer un jour de ses folies bachiques.

Partant du même faux principe, les gouvernements provoquent des bals, des réjouissances et des fêtes, qui sapent les bases de la moralité avec non moins de certitude. Sans bal, point de bonheur en France. Voilà pourquoi on nous traite de peuple de sauteurs. C'est là par exemple que les cœurs se fanent et se corrompent.

Mais, observera-t-on encore, les gouvernements ne sont-ils pas obligés de faire prospérer le commerce et l'industrie ? Or, quels moyens plus sûrs que les bals et les fêtes ? La question mérite d'être traitée à fond. Examinons-la, avec un économiste distingué.

On lit dans le *Moniteur* du 1er février 1854, écrivait M. Ambroise Clément dans le *Journal des économistes* de cette date :

« Pendant cette saison rigoureuse, on s'est souvent demandé s'il ne vaudrait pas mieux donner aux indigents les sommes dépensées en bals et en fêtes. Pour peu qu'on y réfléchisse, la réponse ne saurait être douteuse. Dans les fêtes comme celles de l'Hôtel-de-Ville et des Tuileries, il faut voir autre chose qu'un vain étalage de magnificence. Leur véritable but est de favoriser le commerce et de procurer du travail aux classes laborieuses. A l'exemple de l'empereur et de l'impératrice, le conseil municipal de Paris a sagement pensé que les dépenses d'un grand bal tomberaient en pluie d'or sur toutes les industries de la ville. La charité la plus efficace est celle qui, tout en donnant du travail, fait vendre les produits. S'il est bien de secourir l'indigence, mieux vaut encore la prévenir. Dans les sociétés comme la nôtre, l'industrie, même celle du luxe, est une partie considérable de la richesse publique. D'ailleurs, la pauvreté n'est pas secourue seulement par l'opulence. Le petit commerçant, l'artisan lui-même contribuent à la soulager. Que pourraient-ils donc si la vente ou le travail leur manquait ?

« . . . Ces considérations ne sont point étrangères à la détermination qu'a prise l'empereur de rétablir le costume officiel des fonctionnaires publics, et de remettre leurs traitements en harmonie avec leur position. Ceux qui reçoivent des traitements élevés n'ignorent pas qu'ils leur sont accordés pour tenir dignement leur rang et pour donner autour d'eux l'exemple de ces dépenses fécondes, qui tournent toujours au profit du commerce et de l'industrie. »

D'après la contexture de cet article et la place qu'il occupe dans le journal officiel, on ne peut douter qu'il n'exprime, sur les questions économiques qu'il soulève, la pensée du gouvernement. Dès lors, on ne saurait méconnaître le haut degré d'importance qu'acquiert une telle manifestation ; car il est à croire qu'aussi longtemps que les doctrines proclamées prévaudront dans l'esprit des hommes du pouvoir, ceux-ci s'efforceront d'en étendre les applications, autant que peuvent se permettre les attributions à peu près illimitées dont ils sont investis ; or, ils peuvent errer, et l'on sait qu'en matière économique les erreurs appliquées se résolvent en dommages sociaux, parfois en calamités. Il est donc opportun de se demander si les doctrines dont il s'agit placent — aussi sûrement qu'on paraît le croire — l'action du pouvoir dans une bonne voie ; si les bals, les fêtes, les dépenses fastueuses du personnel gouvernemental et administratif ont bien la portée qu'on leur attribue, et si au lieu de féconder, comme on l'assure, le commerce et l'industrie, de semblables dépenses ne seraient pas de nature à tarir, ou du moins à affaiblir considérablement ces sources de la prospérité publique.

La spécialité du *Journal des économistes*, unique organe, en France, de l'économie politique, lui impose le devoir de rappeler à cette occasion la vérité scientifique dont les doctrines préconisées par le *Moniteur* s'écartent de la manière la plus absolue. En accomplissant ce devoir avec toute liberté, nous croirons en remplir un autre envers l'autorité publique; car les dépositaires de cette autorité sont fortement intéressés à ce qu'on leur signale le danger des erreurs systématiques dont ils sont exposés à subir l'influence; de semblables avertissements, lorsqu'ils sont donnés loyalement et à propos, peuvent être aussi salutaires au pouvoir qui sait les accueillir, que des applaudissements inintelligents ou captieux, accordés à des tendances regrettables ou dangereuses, lui seraient funestes.

« Dans la sphère économique, dit Frédéric Bastiat, un acte, une habitude, une institution, une loi n'engendrent pas seulement un effet, mais une série d'effets. De ces effets, le premier seul est immédiat; il se manifeste simultanément avec sa cause, on le voit. Les autres ne se déroulent que successivement ; on ne les voit pas, heureux si on les prévoit. Entre un mauvais et un bon économiste, voici toute la différence : l'un s'en tient à l'effet visible, l'autre tient compte et de l'effet qu'on voit et de ceux qu'il faut prévoir. »

Ces indications expliquent parfaitement l'illusion, l'erreur vulgaire qui fait attribuer aux bals, aux fêtes, aux prodigalités, aux profusions, une heureuse influence sur le commerce et l'industrie.

Supposons, par exemple, que l'on consacre une ressource de 200,000 fr. à donner un grand bal à l'Hôtel-de-Ville. Cette dépense, payée par la caisse de la ville, en entraîne d'autres, montant au double, au triple peut-être, que s'imposent les fonctionnaires invités. C'est donc une ressource totale de 6 à 800,000 fr. que l'on emploie en décorations, éclairage, musique, rafraîchissements, costumes, bijoux, etc., et il est incontestable que l'industrie des fournisseurs de tous ces différents objets se trouve gratifiée, encouragée dans la proportion de la somme de ressources dépensées.

Or, c'est à ce résultat immédiat et visible que s'arrête la foule, et aussitôt elle se hâte de juger qu'un grand bal est nécessairement un bienfait public. Mais, assurément, pour peu qu'elle voulût se livrer à une observation moins superficielle et se rendre compte de l'ensemble des faits se rattachant aux dépenses du bal, y compris ceux qui ne sont pas sous ses yeux, mais dont l'existence n'est pas douteuse, elle ne tarderait pas à réformer radicalement son premier jugement. Elle comprendrait, par exemple, que les 200,000 fr. puisés à la caisse municipale n'y sont pas parvenus comme des champignons, et qu'il a fallu d'abord les retirer pièce à pièce de la poche des contribuables, au moyen de l'octroi ou d'autres procédés ; dès lors, ne devient-il pas visible à l'esprit que si ces 200,000 fr. eussent été laissés à ceux à qui on les a pris, ceux-ci, en les appliquant à leurs propres besoins, auraient encouragé l'industrie dans la proportion d'une dépense de 200,000 fr., précisément autant qu'a pu faire la municipalité, en destinant cette ressource aux frais du bal. Seulement il est probable que les contribuables ne se seraient pas adressés aux mêmes fournisseurs et n'auraient pas encouragé les mêmes industries. Mais en quoi les industries du décorateur, du musicien, du costumier, du coiffeur, etc., méritent-elles la préférence sur les industries qui pourvoient aux besoins ordinaires du logement, de l'ameublement, du vêtement, du chauffage, de l'alimentation, de l'éducation, etc., et comment pourrait-

·on justifier ce *détournement forcé* de ressources ·opéré en faveur des unes et évidemment au préjudice des autres.

Il est donc parfaitement clair que l'industrie n'a absolument rien à gagner à ce que la municipalité de Paris prive les contribuables de la faculté de dépenser à leur gré une ressource de 200,000 fr., pour les dépenser elle-même dans un bal.

En est-il autrement des dépenses faites par les invités ? Calculons.

Nous admettons que ces dépenses se sont élevées à 600,000 fr. Voilà l'industrie des costumiers, des coiffeurs, des orfèvres, des bijoutiers, etc., encouragée autant que peut le comporter l'emploi de 600,000 fr.

Nous prierons d'abord de remarquer que ce n'est pas une ressource nouvelle, et qu'elle existait déjà dans la caisse ou dans la bourse des invités, à moins qu'ils n'aient emprunté, auquel cas elle aurait été retirée de la bourse des prêteurs. Bref, la source existait avant le bal, et ce n'est pas le bal qui l'a produite, cela est incontestable. Nous demandons ensuite si, en supposant que le bal n'eût pas eu lieu, il est bien probable que cette ressource fût restée sans emploi. Si l'on convient que, selon toute probabilité, ses possesseurs l'auraient appliquée à d'autres besoins ou à d'autres fantaisies, nous dirons encore que, dans ce cas, l'industrie eût été encouragée, tout autant qu'elle a pu l'être par les dépenses du bal, et que celui-ci n'a pu faire profiter certaines classes de fournisseurs d'un encouragement précisément égal.

Mais on pourra objecter qu'une partie, tout au moins, de la dépense faite pour le bal aurait pu être épargnée, et ceux qui feront cette objection sont persuadés que les ressources épargnées ne sont pas dépensées ; qu'en conséquence elles ne peuvent encourager ni le commerce, ni l'industrie.

Nous touchons au point principal de la question, à celui qu'il importerait le plus d'éclaircir à tous les yeux pour déraciner de déplorables préjugés, malheureusement aussi répandus qu'ils sont insensés ; mais c'est ici surtout, qu'usant du procédé indiqué par Bastiat, il faut tenir compte, en même temps, et des résultats que l'on voit et de ceux que l'esprit n'aperçoit qu'après réflexions. Pour éviter au lecteur la peine de rechercher lui-même ses résultats, nous allons les lui présenter.

Lorsque nous consommons une portion de richesse, cette portion n'existe plus, et, dès lors, si le besoin qu'elle a satisfait se renouvelle, si nous avons encore les moyens d'y pourvoir, il faut reproduire l'objet consommé, et la nécessité de cette reproduction donne un nouvel aliment au travail.

Mais nous pouvons consommer une portion de richesse de deux manières : en premier lieu nous pouvons en absorber entièrement la valeur pour des satisfactions personnelles, de façon à ce qu'il n'en reste absolument rien ; dans ce cas, nous faisons une consommation *improductive ;* c'est ce qui arrive par exemple dans un repas somptueux, dans un feu d'artifice, une fête, etc. Nous consommons ainsi les services de ceux qui ont fourni et préparé les produits élémentaires, ceux de l'artificier, du fabricant de poudre, des décorateurs, des artistes, etc.; nous avons ainsi fourni, mais pour une fois seulement, du travail et des rémunérations pour toutes ces personnes.

En second lieu, nous pouvons consommer de telle sorte qu'il reste après l'opération une valeur égale ou même supérieure à celle consommée ; dans ce cas, nous faisons une consommation *reproductive.* Supposons, par exemple, que la valeur absorbée dans le repas ou la fête, au lieu de recevoir cette application, eût été employée, soit à défricher un côteau stérile et à en faire un vignoble, soit à dessécher un marais improductif pour en faire une terre arable, ou à construire un navire destiné au transport de

denrées ou marchandises entre la France et l'A-
mérique. Par ces diverses applications, noûs aurions donné du travail et des rémunérations,
soit aux vignerons, aux terrassiers, etc., soit aux
charpentiers, forgeurs, cordiers, voiliers, etc.,
et nous aurions ainsi fourni un emploi rétribué
à un nombre de travailleurs tout au moins aussi
grand que celui occupé par la fête ou le repas ;
et tandis qu'il ne reste rien de ces dernières
consommations, il serait resté des premières un
vignoble, une terre ou un navire, dont le produit annuel, le revenu, aurait fourni tous les
ans, et pendant une durée indéfinie, un moyen
additionnel de rétribuer une certaine quantité
de travail.

Cet exemple suffit pour faire comprendre combien les travailleurs pris en masse sont intéressés à ce que les personnes riches, au lieu d'absorber entièrement leurs revenus ou une portion de leurs capitaux, en consommations im-
productives, en dépenses de luxe, en destinent la
plus grande part possible aux consommations
reproductives, puisque ce n'est qu'ainsi que la
masse des ressources destinées à rétribuer le travail peut s'agrandir. Alors même que les possesseurs de revenus considérables ne président
eux-mêmes directement à aucune opération productive, et qu'ils se bornent à placer à intérêt le

montant de leurs épargnes, ils rendent aux travailleurs un plus grand service qu'en dissipant improductivement ces valeurs. En effet, placées chez un banquier, chez un notaire, elles peuvent aller et elles vont le plus souvent au cultivateur, à l'artisan, à l'entrepreneur d'industrie, qui les utilisent en consommations reproductives.

Les ressources épargnées et placées à intérêt ne restent donc pas sans emploi. Elles vont servir soit à la satisfaction des besoins personnels de l'emprunteur, soit à des opérations reproductives. Dans le premier cas, elles alimentent évidemment l'industrie et le commerce, tout aussi bien que si elles eussent été dépensées par le prêteur ; dans le second cas, elles fournissent des salaires et des profits proportionnés à leur importance, non seulement une seule fois, mais autant de fois que les opérations productives se renouvellent. L'épargne est donc bien souvent ce qu'il y a de plus profitable à l'activité de l'industrie et du commerce, car il y a toujours chance pour qu'une partie au moins de cette épargne soit employée reproductivement. Elle est d'ailleurs un bienfait sous d'autres rapports : la ressource épargnée aurait pu être anéantie, consommée improductivement par son propriétaire, et il n'eût fait en cela qu'user de son droit ; mais il l'a accumulée et conservée en restreignant ses besoins, en s'imposant des privations, et s'il tient la même conduite pendant toute la durée de sa vie, il est évident que la ressource épargnée servira à d'autres qu'à lui. D'autres y trouveront des moyens de satisfaction ou des moyens de rétribuer du travail, de servir des salaires ou des profits, qui n'existeraient plus s'il n'avait limité lui-même ses satisfactions personnelles.

Que ce soit l'amour de la famille, l'habitude de la modération, le goût de la simplicité, ou même une prudence exagérée qui l'aient porté à agir ainsi, le bienfait qui en résulte n'est pas moins réel, incontestable : la société, prise en masse, se trouve plus riche de tout ce qu'il laisse, de tout ce qu'il a bien voulu s'abstenir d'appliquer à ses propres besoins, et certes la société devrait lui en savoir gré. C'est lui cependant que l'opinion publique blâme et taxe d'égoïsme, tandis qu'elle donne son approbation et attribue volontiers des sentiments généreux au véritable égoïsme, au prodigue qui passe sa vie à dissiper, qui n'a rien voulu laisser à autrui des moyens de satisfaction à sa disposition, qui a tout appliqué à ses besoins personnels et qui, au lieu d'accroître la masse générale des ressouces, l'a réduite le plus qu'il a pu, afin de donner carrière à tous ses appétits.

Les mêmes hommes qui préconisent la prodigalité, le luxe, les dépenses fastueuses, comme essentiellement favorables à l'industrie et au commerce, sont généralement disposés à blâmer le prodigue, le dissipateur, lorsqu'ils considèrent les résultats de sa conduite, relativement aux membres de sa famille ; mais ils ne persistent pas moins à soutenir que ces résultats sont un avantage social. Si cette opinion est fondée, la société doit désirer qu'il y ait au moins un dissipateur par famille, car il est clair que, dans ce système, l'industrie et le commerce prospéreront d'autant plus qu'il y aura plus de dissipateurs ; on aurait beau se récrier contre l'absurdité d'une telle conséquence, elle est parfaitement comprise dans le principe, et elle découle logiquement des doctrines professées par le *Moniteur*. Ces doctrines comportent incontestablement l'explication suivante. Le gouvernement, craignant qu'il n'y ait pas dans les familles assez d'hommes enclins aux dépenses de luxe, aux profusions de dissipateurs, pour encourager l'industrie et le commerce, prélève une portion du revenu de chacun, afin de suppléer à cette insuffisance par des bals, des fêtes, des représentations somptueuses, ou par des dépenses de même nature imposées aux fonctionnaires supérieurs, largement rétribués à cette intention.

Assurément la morale et la justice ne sont, pas plus que la science, du côté de l'opinion vulgaire, ou plutôt de l'ânerie humiliante que nous combattons.

Il est donc vivement regrettable que les gouvernements appuient de leur autorité de semblables erreurs, et négligent volontairement de les dissiper, en donnant au peuple l'exemple de l'économie. Ainsi envisagées sous le point de vue moral et matériel, les fêtes si chèrement organisées doivent-elles être encouragées? Non certainement, dans la situation précaire où nous nous trouvons. Ce serait différent, si elles se faisaient rarement, sans surcharger le budget, et si elles reprenaient les allures distinguées de la décence, de l'honnêteté et de la dignité. Oh! quel sera le gouvernement qui nous rendra ces fêtes patriarcales où le sentiment patriotique, stimulé par l'union des cœurs et des esprits, se livrait avec une expansion suave aux divertissements et aux jeux les plus charmants ?

VI

L'armée

De tout temps, la guerre a ébranlé le monde. *Le Seigneur des armées, dit Isaïe, a ordonné le combat à la milice.* (Is., xiii, 4.) Mais autrefois la guerre était le fait exclusif d'une partie plus ou moins considérable d'une nation. En France surtout l'élément militaire formait presque une classe à part dans l'Etat. On se faisait soldat par vocation ou par position. Au noble métier des armes s'attachait la gloire, et la gloire enivrait les cœurs généreux et braves.

Aurons-nous jamais des armées pareilles à celles que commandaient François Ier, Henri IV, Louis XIV, Condé, Catinat, etc.?

Mais alors, la guerre, bien que soutenue par les aspirations du pays, n'était pas une catastrophe qui suspendait l'activité morale. On ne connaissait pas l'art de la tuerie guerrière et l'héroïsme forcé à vingt-cinq centimes par jour. Et la France n'en était pas moins grande et moins respectée. La défense de la patrie telle qu'elle est organisée aujourd'hui détruit dans le cœur de l'homme les qualités viriles du bon citoyen. Le service obligatoire, qui est devenu le principe du recrutement militaire, fatigue, irrite et détruit le patriotisme. L'avocat, le notaire, l'agent de change, l'employé des postes et des télégraphes, l'industriel et le commerçant, le médecin, le pharmacien, l'imprimeur, le peintre, le sculpteur, l'aspirant à la diplomatie, etc., etc., etc., tous, malgré eux, sont forcés de passer un an, s'ils peuvent verser quinze cents francs au Trésor, et sinon cinq ans à la vie ennuyeuse de la caserne, à l'étude de la théorie, aux exercices et aux courses pénibles.

N'est-ce pas énervant et désespérant à la fois ? Comment refaire ensuite une carrière brisée ? Aussi plusieurs meurent à la peine. Voyez ce qui se pratique en pays étrangers.

En Allemagne, sur plus de trois cent mille jeunes gens que donne le contingent annuel, des commissions, dans lesquelles domine l'élément militaire, choisissent les soixante-quinze mille hommes les mieux constitués, les plus forts, les plus robustes, ceux qui pourront le mieux acquérir les qualités militaires ; ceux-là sont aussitôt incorporés. Les autres sont exemptés, dispensés et versés dans la réserve de recrutement.

Cette réserve est une position d'attente ; lorsque les jeunes gens ont atteint, à 21, 22 et 23 ans, leur entier développement physique, ils sont placés dans l'armée. Aussi peut-on dire que le tirage au sort en Allemagne, quoi qu'il existe, est une vaine formalité. En réalité l'autorité militaire fait choix de l'élite de la population et néglige le reste.

Parmi les appelés sous les drapeaux, les différences ne sont pas moins sensibles : les cavaliers servent quatre ans ; les artilleurs et fantassins, trois ans ; le soldat du train, six mois.

Avant tout, on considère l'intérêt de l'armée. L'armée ne doit pas perdre son temps à instruire un homme qui ne serait pas un combattant ; par ce procédé, point de force perdue. Du reste, n'en est-il pas de même dans toutes les armées ? En Italie, pendant que les fantassins restent au régiment à peine deux ans, les cavaliers sont conservés cinq ans ; en Belgique, le service d'infanterie est de trente mois ; celui de la cavalerie et de l'artillerie à cheval, de quatre ans ; dans les autres armes, il est de trois ans.

En Russie, la durée du service varie de trois mois à six ans, suivant les catégories des jeunes gens.

Et ces réservistes, pères ou fils de famille, que l'on oblige chaque année à vingt-huit jours de mouvements si fatigants ! S'imagine-t-on les transformer en guerriers expérimentés. Est-ce possible ? Croyez-vous que, retournés à leur maison, ils vont s'amuser à jouer au fusil, qu'ils ont trouvé si lourd, et perdre leur temps à étudier l'école de tir ou de bataillon, par le flanc droit ou par la flanc gauche, dont ils ont subi la rude épreuve ? Détrompez-vous.

Quels soldats feront-ils, au moment du départ pour le champ de bataille ?

Pourquoi cinq ou six cent mille hommes sont-ils distraits, chaque année, du commerce, de l'industrie et surtout de l'agriculture, en temps de paix ? Et le budget ?

En temps de guerre, c'est différent. Alors que les ennemis envahisseurs menacent de se précipiter en masse sur nos frontières, l'armée et la réserve doivent aller à leur rencontre et se mesurer avec eux. Mais comment les instruire sans les distraire de leurs occupations ordinaires ? Je parle des réservistes. Le voici. Chaque dimanche, dans les villes comme dans les villages, ne pourrait-on pas les exercer pendant plusieurs heures ? N'y a-t-il pas dans le plus petit hameau un ancien militaire qui serait heureux, moyennant une légère rétribution, de présider à cette école de peloton ? Ensuite, tous les trois mois, par exemple, le peloton se rendrait au chef-lieu d'arrondissement, pour manœuvrer en bataillon. Ainsi personne ne serait distrait des travaux de sa profession, ne s'éloignerait du foyer domestique, et surtout n'irait subir des impressions de caserne, qui, dit-on, sont loin d'être moralisatrices.

Donc, économie d'un côté pour l'Etat, et de l'autre plus solide instruction pour les jeunes gens.

Et voilà sur quoi le gouvernement est obligé

de prêter une sérieuse attention. Les tristes défaites de 1870 l'ont assez démontré. « Au-delà des formes apparentes, s'écriait à cette époque un homme d'Etat éminent, il y a des vertus sans lesquelles les formes ne sont rien [1]. » La principale vertu du soldat, c'est l'abnégation. Qui la lui inspirera? Souvent désœuvré, où passe-t-il son temps? Demandez-le aux populations qui jouissent du bienfait matériel d'une garnison quelconque. Elles sauront répondre catégoriquement. Un officier ou un simple soldat qui, mû par l'amour de son état, travaille sincèrement à son éducation militaire, lisant, écrivant, étudiant, et s'abstenant de suivre ses camarades, pendant de longues heures, au café ou ailleurs, ne devient-il pas leur risée?

« Cela prouve que l'esprit de corps n'existe plus; car ce qui fait un corps militaire, écrit un publiciste distingué dont la vie s'est usée au service de la patrie, ce n'est pas le nombre d'hommes, ce n'est pas la valeur individuelle de ces hommes, c'est l'esprit qui les anime, ce qu'en langage militaire on appelle l'*esprit de corps*. Par l'esprit de corps, un régiment a une âme, une pensée, des traditions d'honneur et de courage. Tout cela est détruit : il n'y a plus de ré-

______

[1] M. Emile Ollivier.

giments français, mais seulement des formations administratives qui portent ce nom.

« Si l'esprit de corps est nécessaire pour créer un régiment, il est encore bien plus nécessaire pour créer un corps d'officiers, sans lequel il n'y a pas d'armée.

« Ce côté moral des questions militaires est trop négligé dans notre armée ; aussi voit-on, pour obtenir certains résultats matériels contestables, porter des atteintes dangereuses soit à l'esprit de corps, soit au caractère militaire de l'officier. Lorsqu'on a obtenu, instruit et élevé des soldats, quand on a formé des unités de guerre animées par un corps d'officiers, on doit grouper ces unités sous l'action du commandement.

« Les principes du commandement de l'armée et des corps d'armée, la constitution du corps administratif et celle du corps d'état-major, l'un et l'autre auxiliaires du commandement, sont nettement posés.

« Pour marquer l'importance du corps d'état-major, nous citerons ces lignes, qui expriment l'esprit de la puissance militaire prussienne :

« Tout se tient. La monarchie guerrière prus-
« sienne, en développant à ses dernières limites
« l'esprit de corps des régiments et l'autonomie
« des corps d'armée, devait créer en regard de

« ces forces centrifuges une force centrale, le
« corps d'état-major, instrument puissant d'u-
« nité, non seulement technique, mais politi-
« que ; et elle n'hésita pas à prendre dans ce
« corps à recrutement si limité les trois quarts
« de ses officiers généraux.

« Ce n'est pas un corps ouvert, comme on le
« croit naïvement, à toutes les appétences ; c'est
« une aristocratie étroitement fermée, unique-
« ment imprégnée de la pensée du souverain,
« et qui, avant qu'une action diplomatique n'eût
« été engagée, avait en réalité consommé l'an-
« nexion de toutes les armées des petits Etats
« allemands ; et là ne s'arrêtent pas ses offi-
« ces [1]. »

Au lendemain de la guerre, sous l'influence
de la nécessité, s'est relevé un rare empressement pour reconstituer nos institutions militaires. Le malheur nous avait instruits, avait
élevé nos âmes et inspiré des résolutions généreuses.

Législateurs et militaires se sont mis à l'œuvre, les uns pour organiser les forces vives
de la nation et en former une armée formidable,
les autres pour rechercher les principes des
combinaisons guerrières dans l'étude du passé

(1) M. Bert, chevalier de la Légion d'honneur, ancien capitaine.

et la comparaison avec les armées des puissances rivales.

Mais comment lutter contre nos adversaires, si nous ne cultivons pas les vertus propres à la formation des armées fortes et puissantes ? Voici le langage de la théorie au soldat prussien qui, protestant, juif ou catholique, porte toujours dans le sac un livre de prières :

« La condition d'existence de toute armée réside dans l'inégalité des positions et dans la subordination. Ce n'est point le sentiment du droit et de la protection garantis par la loi qui doit amener le soldat à l'obéissance, mais l'action de la discipline sous l'autorité incontestée du supérieur. Quand le corps est glacé jusqu'à la moëlle par le froid et la pluie, quand il est épuisé par la faim et les privations, quand le fer et le feu répandent la mort et la destruction dans les rangs, il faut encore obtenir l'obéissance ; la discipline seule y parvient. C'est en vue des circonstances de cette gravité qu'elle doit être établie. »

« Auvergne, à moi, ce sont les ennemis ! » s'écriait l'illustre d'Assas, menacé par cent baïonnettes, et se vouant à la mort pour sauver ses camarades. Oui, le dévouement à tous les degrés est indispensable.

Dévouement de la sentinelle au poste qu'elle

couvre, dévouement du poste à la compagnie qu'il garde, dévouement. de la compagnie pour garantir le bataillon ou le régiment.

Quand donc aussi interdira-t-on le duel au régiment ?

Trois ou quatre fois par an, écrit M. E. Villemot, nous voyons se renouveler cette funèbre plaisanterie. Un soldat qui a dit : « Zut ! » à un de ses camarades est condamné à aller sur le terrain et, par suite de la négligence d'un prévôt, reçoit deux pouces d'acier trempé dans le cœur [1].

Les journaux d'Algérie nous rapportent aujourd'hui 19 août 1877 une histoire de ce genre. C'était au 2e chasseurs d'Afrique : un maréchal des logis s'était pris de querelle avec un de ses collègues ; on porta, selon l'usage, l'affaire devant le colonel, qui autorisa — toujours selon l'usage — les deux maréchaux des logis à se couper courtoisement la gorge, pour satisfaire au point d'honneur. L'un des deux combattants tomba raide mort au bout de deux. ou trois passes. Le point d'honneur était satisfait.

Il paraît que ce pauvre diable était un très bon et très brave soldat, estimé de ses chefs, aimé de ses camarades. Tout le régiment est

(1) Le *Gaulois*, 19 août 1877.

allé, colonel en tête, pleurer à chaudes larmes à son enterrement.

J'avoue que je ne puis pas lire le récit d'une de ces boucheries soi-disant chevaleresques, sans que la mince parcelle de bon sens que Dieu m'a départie se révolte et s'indigne. Je n'attaque pas le colonel du 2ᵉ chasseurs, qui n'a fait qu'obéir à d'anciens règlements militaires ; mais je m'en prends aux règlements eux-mêmes, et à la face des hommes, qu'ils soient pékins ou soldats, je déclare que ces règlements, qui obligent deux braves gens à s'entr'égorger sous le plus futile prétexte, sont à la fois odieux et grotesques.

S'ils n'étaient que cruels, ces règlements, je n'insisterais peut-être pas beaucoup ; mais ce que je leur reproche le plus, c'est de faire rire, quand ils ne font pas pleurer. Le ridicule tue, c'est convenu ; mais se laisser tuer par le ridicule, c'est vraiment par trop bête.

Ah ! ça, est-ce qu'on va longtemps encore nous servir cette éternelle rengaine : « Il y a deux sortes d'honneur, l'un pour les civils, l'autre spécialement réservé aux militaires. Il ne faut pas confondre ces deux sortes d'honneur. »

Ne les confondons pas, si vous voulez ; mais, puisque l'honneur est divisible et variable, ne nous en tenons pas à deux espèces seulement.

Je vois arrivé le moment où le chaudronnier du coin aura un honneur séparé et distinct de l'honneur de son voisin l'ébéniste. « Je ne m'étonne même que d'une chose, dit le père Poirier à son gendre le marquis de Presle, c'est que le nez d'un noble daigne s'appeler comme le nez d'un bourgeois. »

Calculez d'ailleurs un peu la longueur d'absurdité kilométrique à laquelle nous conduit ce préjugé comique. Aujourd'hui, de par la loi qui a édicté le service obligatoire pour tous les Français, nous sommes tous, de vingt à quarante ans, plus ou moins soldats. Pendant vingt années de notre vie, pour peu que nous ne soyons pas aveugles, boiteux ou bancroches, nous sommes appelés à faire partie, soit de l'armée active, soit de la réserve, soit de l'armée territoriale.

Va-t-on nous obliger à porter sur nous deux sortes d'honneur, l'un pour les années que nous passons sous les drapeaux, l'autre pour le temps que nous passons dans la vie civile ? Faudra-t-il déposer notre honneur militaire avec notre uniforme et notre chassepot, lorsqu'on nous donnera notre congé, et devrons-nous reprendre notre honneur civil au vestiaire ?

On dit que le ministre de la guerre cherche à alléger le plus possible le sac du soldat : alors à quoi bon surcharger ce sac d'un honneur en partie double ? Bientôt les soldats ne s'y reconnaîtront plus : ils tireront un honneur quelconque de leur sac, lorsqu'ils penseront mettre la main sur leur brosse à cirage ou sur leur trousse à boutons. Ce sera bien compliqué !...

Ce qu'il y a de très amusant dans le duel, c'est la façon contradictoire dont il est traité par les colonels, qui l'ordonnent comme une juste réparation, *et les magistrats qui le condamnent comme une inepte barbarie*. Les colonels donnent des coups de sabre à la loi ; et les juges, au nom de la loi, frappent les sabres des duellistes à grands coups de leurs toques. Aussi passons-nous pour un peuple éperdûment épris de logique.

Qu'un malheureux journaliste passe en police correctionnelle pour avoir légèrement éraflé la peau d'un de ses confrères, il se verra vigoureusement tancé par le tribunal, et attrapera pour son méfait une jolie dose d'amende et de prison. Mais qu'au lieu de porter un chapeau à haute forme, le journaliste porte un shako, et immédiatement la question change de face. Ce qui était défendu devient obligatoire, et la tentative d'homicide en shako devient la chose la plus honorable et même la plus glorieuse du monde.

Les législateurs modernes cherchent des moyens raffinés pour rendre le duel très coûteux, c'est-à-dire impossible. Le colonel, lui, ne songe qu'à mettre le duel à la portée du plus simple soldat.

Il oblige souvent à se placer en face l'un de l'autre, un fleuret à la main, des paysans qui n'ont jamais mis le pied à la salle d'armes. Ces pauvres diables ont beau répéter d'une voix dolente : « Mais nous ne nous en voulons pas, nous sommes les meilleurs amis du monde. Bézuchet et moi Bréchut nous sommes deux *pays*. On était hier un peu gris ; alors pour lors on a échangé un coup de poing et un coup de pied, et voilà ! Mais nonobstant on n'en est pas moins camarade. » Le règlement n'entend pas de cette oreille. Le rapport du caporal l'a dit : « Bréchut et Bézuchet se sont colletés dans la chambrée : iront sur le terrain. »

Et souvent pour une pipe cassée, pour une *tournée* non offerte à la cantine, on se fait percer, dans la poitrine, un tunnel dont souvent on ne revient pas. Si le père Bézuchet a fait le sacrifice de voir son fils partir à l'armée, c'est dans l'espoir qu'il défendra la patrie contre l'ennemi commun, et non qu'il se fera trouer inutilement la peau par l'ami Bréchut, qui, dans un moment d'humeur, l'aura appelé « mufle. »

M. René Vallery-Radot, qui a écrit ce livre si intéressant : *Journal d'un volontaire d'un an* (ouvrage couronné par l'Académie française), roconte comment, pendant son volontariat, il fut obligé de s'aligner avec un de ses camarades pour une de ces plaisanteries un peu vives qui sont fréquentes dans la vie de caserne. Heureusement, le jeune et charmant écrivain ne fut que légèrement touché : les deux adversaires se tendirent la main, et la réconciliation se fit en riant.

Par malheur, ces affaires-là ne finissent pas toujours d'une façon aussi gaie. L'auteur du *Journal d'un volontaire* raconte à ce propos l'histoire suivante, qui s'est passée en 1868.

Deux Alsaciens de la même commune et du même âge s'étaient engagés le même jour dans le même régiment. Ils étaient dans la même chambrée, camarades de lit dans toutes les étapes. Jamais ils ne se quittaient, et les soldats les appelaient les deux frères siamois. Un soir qu'ils avaient trop largement arrosé les galons d'un *pays*, ils eurent grand'peine à rentrer dans la chambrée, tout en s'étayant l'un sur l'autre.

Enfin ils arrivent au pied de leur lit.

— J'avais une brosse sur ma couverture, dit l'un ; c'est toi qui l'as.

— Je te dis que non.

— Je te dis que si !

— Laisse-moi tranquille.

Et, pour finir la dispute, tous deux se donnent un coup de poing, mais là un de ces coups de poing alsaciens qui défonceraient une porte cochère. Le caporal se lève, les conduit à la salle de police et signe le lendemain le billet de punition, terminé par ces mots : « Se sont battus dans la chambrée. »

— « Iront sur le terrain, » complètent en riant les deux Alsaciens, qui, dégrisés, échangent une bonne poignée de main.

Et ils ajoutent :

— Si le prévôt nous y mène, il n'aura pas besoin de prévenir le chirurgien.

Ils partent bras dessus, bras dessous. Puis les voilà en garde : l'un jette son fleuret à droite, l'autre à gauche, et ils s'embrassent de tout cœur. L'officier de la salle d'armes va dire au colonel le résultat du duel.

— Conduisez-les à la prison, dit le colonel, et ils y resteront jusqu'à ce qu'ils se soient battus.

— Eh bien ! qu'est-ce qu'ils disent, les deux amis, demanda le colonel le lendemain.

— Ils disent, mon colonel, qu'ils s'entendent aussi bien à la prison qu'ils s'entendaient à la chambrée et sur le terrain.

— Dites-leur qu'ils resteront un mois à la prison, et que, sortis, ils n'auront aucun avancement jusqu'à ce qu'ils se soient battus.

Au bout d'une semaine, ces pauvres garçons commencèrent à s'ennuyer et à être effrayés de l'entêtement du colonel. Tous deux s'étaient engagés pour faire leur chemin dans la carrière militaire.

— Nous serons obligés de mettre les pouces, dit l'un.

— Et de nous les piquer, dit l'autre.

— Si nous jouions aux cartes à qui sera piqué ?

— Parfait. Jouons à l'écarté. Je coupe.
La partie était en cinq jetons.

— J'ai gagné, dit l'un, au bout de dix minutes; j'ai le roi, je le marque et je te pique. Où veux-tu être piqué ?

— Au doigt du milieu. Avec ces fleurets de combat, où les lunettes sont à jour, rien n'est plus facile que de piquer là, et rien n'est moins dangereux, quand on y va doucement.

— Convenu. Nous commencerons par quelques feintes et quelques doublés, pour n'avoir pas l'air de faire la chose en blague, et, tout d'un coup, après un petit battement de lame, je me fends, je te pique et je t'embrasse. Mais surtout ne t'avise pas de parer.

— Soit tranquille.

Le lendemain, le colonel apprenait que les deux Alsaciens se décidaient à se battre.

Arrivés sur le terrain, les deux amis feignent de se taquiner et de s'exciter, puis celui qui avait eu le roi donne un battement d'épée et se fend. L'autre a la maladresse de parer, reçoit le coup en plein cœur et tombe roide. Il était mort.

Son camarade devint fou.

L'armée avait perdu deux braves soldats, par la sottise d'un colonel.

On objecte que, dans les duels militaires, le prévôt est toujours là, un fleuret à la main, pour parer les mauvais coups. On vient de voir par ce qui précède que le prévôt n'arrive pas toujours assez vite à la parade. D'ailleurs, si le duel militaire ne doit être qu'une comédie anodine, une espèce d'épreuve franc-maçonnique avec des monstres en carton, il n'en est que plus ridicule.

Dans le duel où un maréchal de logis du 2e chasseurs a trouvé la mort, on a vu l'aumônier du régiment refuser de célébrer les obsèques du malheureux jeune homme. C'est encore là une des conséquences monstrueuses du duel obligatoire. Si vous forcez les jeunes soldats à se battre, contrairement à la loi religieuse, pourquoi donnez-vous un aumônier au régiment ? Et, si vous voulez que l'aumônier enseigne la religion aux soldats, pourquoi obligez-vous ceux-ci à enfreindre les prescriptions les plus sacrées de la religion ?

Le gouvernement, qui doit protéger toutes les institutions du pays, ne permettra jamais les attaques contre ses vaillants défenseurs.

« Si je gémis des attaques dirigées contre la religion, qui est la première condition d'existence des peuples civilisés, écrit encore l'honorable M. Bert, je ne suis pas moins affligé de toutes les atteintes portées par la démagogie au prestige militaire qui fait la force des armées et la puissance des nations. Je ne comprends pas que ceux-là même qui s'efforcent de détruire dans l'esprit des masses populaires les notions de la Divinité et l'immortalité de l'âme, que ceux-là même qui professent ce matérialisme brutal qui met la vie animale et ses jouissances grossières au-dessus de tout, osent ravaler une classe de citoyens qui a la sublime mission de mourir pour la patrie ! Ah ! si les défaillances de l'humanité se rencontrent dans toutes les catégories sociales, même les plus élevées, rares sont-elles dans l'armée. L'armée est toujours digne de la devise : *Honneur-Patrie* ; elle est l'ancre de salut de la société, l'objet de respect de tous les honnêtes gens [1]. »

(1) Lettre politique, 2 décembre 1876.

C'est pourquoi l'armée, surveillée par un pouvoir jaloux de sa gloire, reprendra son antique et puissante influence, à la condition expresse qu'elle s'élèvera, par la discipline et par le travail, dans les hautes sphères de la dignité qui découle de l'accomplissement du devoir, sous l'œil protecteur de Celui qui a dit : « *Je descendrai au milieu des soldats qui solliciteront mon assistance, et je les rendrai vainqueurs.* » (Apoc., II, 16.)

Gédéon, prêt à marcher contre les ennemis de la nation juive, rassembla autour de lui une troupe nombreuse sur la montagne de Galaad. Et le Seigneur lui dit : « Parlez au peuple et répétez à tous ceux qui vous écouteront que celui qui tremble et a peur retourne. » Vingt-deux mille hommes descendirent du sommet du Galaad ; il n'en resta plus que dix mille.

Et le Seigneur parla encore à Gédéon. « Il y a là beaucoup de combattants ; conduisez-les vers les eaux, et je les éprouverai ; vous apprendrez de moi quels sont ceux qu'il faut garder. »

L'armée se rendit auprès des eaux, et le Seigneur dit à Gédéon : « Vous séparerez ceux qui se désaltéreront à la façon du chien, en prenant l'eau avec la langue, de ceux qui boiront à genoux, dans le creux de la main. » Ces derniers furent au nombre de trois cents.

« Avec ces trois cents hommes, ajouta le Seigneur, je vous délivrerai, et Madian vaincu tombera entre vos mains ; que le reste de la multitude revienne dans la tente. »

Or, le camp des Madianites était établi au fond de la vallée.

La même nuit le Seigneur dit à Gédéon :

« Levez-vous et descendez vers le camp des ennemis, parce que je vous les livrerai. Mais si vous craignez d'aller seul, conduisez Phara, votre fils, avec vous. Et lorsque vous les aurez entendu parler, alors vos bataillons seront encouragés et vous les attaquerez avec plus de sécurité. »

Gédéon et Phara se rendirent donc vers la porte du camp, où se trouvaient les sentinelles.

Les Madianites, les Amalécites et tous les guerriers de l'Orient, mêlés ensemble, dormaient étendus, comme un essaim de sauterelles, ayant auprès d'eux des chameaux aussi nombreux que les grains de sable dont le rivage de la mer est couvert.

Gédéon, marchant en silence, entendit un des veilleurs racontant à son camarade le songe suivant : « Il m'a semblé voir un pain d'orge cuit sous la cendre rouler vers nous de la crête des monts, et frappant notre tente, l'a renversée de fond en comble. » Et l'interlocuteur répondait :

« Ceci n'est pas autre chose que le glaive de Gédéon, fils de Joas, de la race d'Israël ; car le Seigneur lui a livré Madian et toute son armée. »

Ce récit et cette interprétation ravirent Gédéon, qui, après avoir adoré Dieu, retourna vers les siens, en criant : « Levez-vous, car nous serons vainqueurs. » Alors il divisa ses trois cents soldats en trois pelotons, leur donnant à chacun, d'une main, une trompette, et, de l'autre, une cruche vide, où brûlait une lampe. « Suivez-moi, leur ordonna-t-il, je pénétrerai dans le camp, et faites ce que je ferai. Quand vous entendrez le son de ma trompette, imitez-moi, sonnez aussi de la trompette, frappez vos cruches les unes contre les autres, et criez : « C'est le glaive du Seigneur et de Gédéon! »

Ainsi fut-il fait. Les Madianites et les Amalécites, réveillés en sursaut, se levèrent et s'enfuirent de toutes parts, hurlant de frayeur, et s'entre-tuant eux-mêmes. (Jug., vii.)

Avec ces trois cents braves d'élite, Gédéon triompha d'une armée innombrable.

« Parmi les jeunes gens qui ont fait récemment leurs vingt-huit jours, figurait un écrivain de talent, un auteur dramatique de grand avenir, M. Abraham D... A la suite d'une marche assez dure, M. Abraham D... et plusieurs de ses compagnons, peu habitués aux exercices militaires,

durent être transférés à l'infirmerie. Deux jours après, c'était un dimanche, la sœur qui avait prodigué ses soins aux jeunes gens les réunit et leur dit : « Messieurs, j'ai une prière à vous « adresser ; mais ne prenez pas cette prière pour « un ordre : si vous assistiez à la messe de la « chapelle, vous me rendriez bien heureuse. » Et ayant dit, la sœur s'éloigna. Les jeunes gens se concertèrent. Parmi eux, il y avait un certain nombre d'esprits forts, et la majorité allait se prononcer dans le sens d'un refus catégorique, lorsqu'Abraham D... prit la parole : « Vous n'y « pensez pas, dit-il ; cette pauvre sœur a pour « nous mille soins, mille prévenances. — C'est « vrai. — Vous n'avez eu qu'à vous en louer. « — C'est vrai. — Et vous lui refuseriez la « seule chose qu'elle vous demande ? — Tu as « raison : faisons ça pour elle. Allons à la « messe. » La messe terminée, la sœur, qui, de loin, avait vu le colloque et deviné quel en était l'objet, prit Abraham D... à part, et lui dit avec émotion : « Combien je vous remercie d'avoir « décidé vos camarades ; car, je l'ai bien vu, « sans vos instances, ils n'auraient point paru « à la chapelle. — Ma bonne sœur, répondit « D... avec un sourire, ne vous hâtez pas de me « remercier. Je n'ai pas eu le mérite que vous « me prêtez : je suis juif. Mais il m'a paru que

« je vous devais bien ce petit effort en échange
« de toutes vos bontés. » Deux larmes s'échap-
pèrent des yeux de la sœur. De tous ces jeunes
gens, un seul avait fait son devoir : celui qui n'y
était pas forcé [1]. »

Faites la comparaison. Les commentaires
abondent, et les conséquences sont faciles à déduire.

Citons, en terminant, cette magnifique page
d'un généreux aumônier de la campagne de
1870. « Nous descendîmes vers Bourges. L'armée s'y reformait. Elle avait peu souffert du
feu, et le nombre de ses prisonniers n'était pas
considérable. Elle s'était dispersée sous l'empire
de la fatigue et des privations, et parce qu'elle
ne se sentait pas dans la main d'un chef énergique. Ce que c'est que l'homme ! Ces mêmes
soldats qui s'en allaient par toutes les routes,
jetant leurs cartouches et quelques-uns leurs
fusils, auraient pu être des héros. Ils ne l'ont
pas été, par le défaut de quelques éléments essen-
tiels, la discipline, la confiance en eux-mêmes
et dans leurs chefs. Tel se conduit en brave qui,
à l'occasion, saurait sacrifier sa vie. L'esprit de

(1) Puisqu'il s'agit d'un acte plein de délicatesse, nous pouvons bien lever le masque. Le réserviste dont le chroniqueur
donne seulement le prénom n'est autre que M. Abraham
Dreyfus, le sympathique auteur des *Mariages riches* et d'*Un
Monsieur en habit noir*.

sacrifice, voilà encore un des éléments qui manquait à notre armée : elle avait peur de mourir. Le grand mal de notre époque n'est pas précisément l'absence de discipline, car je crois que l'on peut bien se battre et vendre chèrement sa vie tout en étant indiscipliné, témoins les Vendéens de la première Révolution ; le grand mal, c'est qu'il n'y a dans les âmes aucun principe, soit naturel, soit surnaturel, sur lequel elles pourraient baser les sacrifices qu'elles doivent faire. *Il n'y a plus ni religion, ni patriotisme* : il ne reste que l'égoïsme, qui absorbe tous les dévouements, toutes les générosités [1]. »

(1) *Journal d'un aumônier infirmier au corps de Cathelineau*, par M. l'abbé Prétot, chevalier de la Légion d'honneur, page 188.

ÉPILOGUE

En présence de cette triple réhabilitation opérée par la religion, en faveur de la famille, de la
société et du gouvernement, quel est le cœur
français qui ne se sentira pas pris d'une admiration involontaire? Sans doute, d'un accent
d'allégresse profondément ému, il chantera :
*Béni soit le Seigneur Dieu de nos pères, qui a visité
et racheté son peuple.*

Mais cette expansion de sentiments si naturels
et si louables ne suffit pas.

Lorsqu'un malheureux exilé, coupable de crimes de haute trahison et de lèse-majesté, reçoit
tout à coup sa grâce inespérée de la généreuse
initiative d'un prince qu'il avait gravement
offensé, oh ! son âme, martyrisée par le repen-
tir, déborde de gratitude et de jubilation. A mesure qu'il approche du sol bien-aimé de la pa-

trie, ses palpitations multipliées arrêtent sa respiration haletante. Encore quelques pas, et le
voilà, ô bonheur! buvant à longs traits l'air frais
et fortifiant de la liberté recouvrée. Il révèle
alors ses résolutions salutaires, en protestant
avec une fermeté solennelle qu'il les gardera
inviolablement envers et contre toutes sugges-
tions malignes. En effet, ses actes honorables
répondent de son inébranlable persévérance. On
le voit, affrontant paisiblement les sarcastiques
sourires, travailler sans relâche à réparer sa réputation compromise. Il sait habilement profiter des moindres occasions pour intéresser à son
égard les volontés qui lui sont contraires. Il dé-
sabuse, un à un, avec une patience touchante,
les jugements défavorables provoqués par sa
conduite antérieure. Son but unique est de déro-
ber à l'opinion aliénée le plus léger souvenir de
ses méfaits passés. Que de pénibles affronts il
essuie, que de cruelles ironies il supporte, que
d'insultes il dévore! Les méprisants quolibets et
les moqueries irritantes, comme des flèches
aiguës, l'assaillent en tous lieux et de toutes
parts. Peu lui importe, il ne se décourage jamais, avançant toujours avec intrépidité sur la
voie difficile de la réparation complète.

Ainsi agira le vrai Français appréciant la régénération opérée par les effets de la religion

civilisatrice. La gratitude spéculative n'est qu'une vapeur éphémère qui se dissipe promptement.

On demandait un jour au grand Démosthènes quelles étaient les trois principales qualités de l'orateur. La première, répondit-il, c'est l'action; la seconde, c'est l'action ; la troisième, c'est l'action.

« L'action vive et constante, tel doit être aussi l'apanage glorieux de notre existence embellie et refaite au soleil de la religion par les vertus domestiques et sociales, » comme l'a dit un de nos plus éloquents orateurs, le R. P. Ollivier, Dominicain, qui ne craignit pas, en face de la Commune, de dérouler, dans la chaire de Notre-Dame de Paris, les causes de nos infortunes [1].

L'action et la vie, ces deux sœurs tendrement unies sur le champ de bataille du Golgotha, autour de l'arbre de la vie, où régnait en mourant le divin Réparateur, se transmettront dans un courant perpétuel l'affectueuse effusion de Jonathas à David : « *Le Tout-Puissant sera désormais entre vous et moi, jusqu'à l'éternité.* » (I Reg., XX, 42.)

(1) *Nos Malheurs, leurs causes et leurs remèdes*, Conférences de Notre-Dame de Paris, par le R. P. Ollivier.

TABLE DES MATIÈRES

ANTIBES. — IMPRIMERIE DE J. MARCHAND.